9 789369 080984

Printed at Repro India Ltd.

نزولِ مسیحؑ حق ہے

(تحقیقی مقالہ)

حافظ زبیر علی زئی

Nuzool-e-Masih haq hai

by: Hafiz Zubair Ali Zai

Edition: August '2025

Publisher :

Taemeer Publications LLC (Michigan, USA / Hyderabad, India)

ISBN 978-93-6908-098-4

9 789369 080984

کتاب	:	**نزولِ مسیحؑ حق ہے** (تحقیقی مقالہ)
مصنف	:	**حافظ زبیر علی زئی**
صنف	:	مذہب
ناشر	:	تعمیر پبلی کیشنز (حیدرآباد، انڈیا)
سالِ اشاعت	:	۲۰۲۵ء
صفحات	:	۴۰
سرورق ڈیزائن	:	تعمیر ویب ڈیزائن

نزولِ مسیح علیہ السلام حق ہے

المعروف بہ

القول الصحیح فیما تواتر فی نزول المسیح

مسلمانوں کا عقیدہ ہے کہ حضرت عیسیٰ علیہ السلام دوبارہ اس دنیا میں تشریف لائیں گے، جسے "نزول مسیح" کہا جاتا ہے اور اس عقیدہ کو قیامت کی نشانیوں میں سے ایک سمجھا جاتا ہے۔ قرآن، صحیح احادیث، اجماع اور آثار صحابہ رضی اللہ عنہم کی روشنی میں عیسیٰ بن مریم الناصری علیہما السلام کے آسمان سے نازل ہونے کے تمام ثبوت اس کتاب "**نزولِ مسیحؑ حق ہے**" میں پیش کیے گئے ہیں۔ اس کے علاوہ اس موضوع کے منکرین کے اعتراضات کے اطمینان بخش جوابات بھی دئے گئے ہیں۔ اسی موضوع پر انور شاہ کشمیری کی ایک بہترین کتاب "التصریح بما تواتر فی نزول المسیح" بھی موجود ہے تاہم اس کتاب میں بلا تحقیق صحیح، حسن، ضعیف اور موضوع روایات بھی نقل کی گئی ہیں۔

***

بسم اللہ الرحمٰن الرحیم

حافظ زبیر علی زئی

نزولِ مسیح علیہ السلام حق ہے

المعروف بہ

القول الصحیح فیما تواتر في نزول المسیح

آغازِ نبوت خاتم الرسل صلی اللہ علیہ وسلم سے ''دینِ اسلام'' پر اعتراضات کا سلسلہ جاری ہے، معترض خواہ غیر مسلم ہو یا نام نہاد مسلم، قرآن وحدیث کے مختلف پہلوؤں پر اپنی ذہانت کے تیر چلانا موروثی حق تصور کرتے ہیں۔ کچھ ایسے ہی منکرین، معترضین، متعصبین اور عدوّ اسلام کا تذکرہ ''اندھیرے اور مشعل راہ'' میں کر چکا ہوں ''نزولِ عیسی علیہ السلام حق ہے'' بھی اسی سلسلے کی کڑی ہے۔

جس میں قرآن، صحیح احادیث، اجماع اور آثار صحابہ رضی اللہ عنہم کی روشنی میں عیسی بن مریم الناصری علیہما السلام کے آسمان سے نازل ہونے کا ثبوت پیش کیا گیا ہے، اور منکرین کے اعتراضات کے دندان شکن جوابات دیئے گئے ہیں، اس کتاب کی تصنیف کے بعد جناب انور شاہ کشمیری کی کتاب ''التصریح بما تواتر فی نزول المسیح'' کا علم ہوا، کتاب حاصل کر کے پڑھی، بہترین کوشش ہے، تاہم کنز العمال وغیرہ سے بلاتحقیق حدیثیں نقل کی گئی ہیں۔ لہذا اس میں صحیح، حسن، ضعیف اور موضوع روایات بھی موجود ہیں۔

اہل کتاب (یہود) نے اللہ تعالیٰ کی آیات کا انکار کیا، پیغمبروں پر ستم ڈھائے، انہیں قتل کیا، بچھڑے کو پوجا بے شمار اعمالِ کفریہ کے مرتکب ہوئے (اور اللہ تعالیٰ کے دربار میں ملعون اور مغضوب علیہم ٹھہرے) ان کی یہ حالت بیان کر کے خالق کائنات فرماتا ہے:

وَبِكُفْرِهِمْ وَقَوْلِهِمْ عَلَىٰ مَرْيَمَ بُهْتَاناً عَظِيماً ○ وَقَوْلِهِمْ إِنَّا قَتَلْنَا الْمَسِيحَ عِيسَى ابْنَ مَرْيَمَ رَسُولَ اللَّهِ وَمَا قَتَلُوهُ وَمَا صَلَبُوهُ وَلَٰكِن شُبِّهَ لَهُمْ ج وَإِنَّ الَّذِينَ اخْتَلَفُوا فِيهِ لَفِي شَكٍّ مِّنْهُ ج مَا لَهُم بِهِ مِنْ عِلْمٍ إِلَّا اتِّبَاعَ الظَّنِّ وَمَا قَتَلُوهُ يَقِيناً ○ بَل رَّفَعَهُ اللَّهُ إِلَيْهِ ج وَكَانَ اللَّهُ عَزِيزاً حَكِيماً ○ وَإِن مِّنْ أَهْلِ الْكِتَابِ إِلَّا لَيُؤْمِنَنَّ بِهِ قَبْلَ مَوْتِهِ وَيَوْمَ الْقِيَامَةِ يَكُونُ عَلَيْهِمْ شَهِيداً ○

اس لئے کہ انہوں نے حق کا انکار کیا اور مریم (علیہا السلام) پر بہت بڑا بہتان لگا دیا نیز یہ کہنے کی وجہ سے کہ ''تم نے اللہ

کے رسول مسیح عیسیٰ بن مریم کو قتل کرڈالا ہے'' حالانکہ انہوں نے اسے قتل نہ کیا اور نہ صلیب پر (ہی) چڑھایا بلکہ یہ معاملہ ان کے لئے مشتبہ ہوگیا اور بلاشبہ جن لوگوں نے اس معاملہ میں اختلاف کیا، وہ خود بھی شک میں مبتلا ہیں۔ انہیں حقیقت کا کچھ علم نہیں۔ محض ظن کے پیچھے ہیں اور یقیناً وہ انہیں قتل نہیں کرسکتے تھے، بلکہ اللہ نے اسے اپنی طرف اٹھالیا تھا اور اللہ زورآور اور حکمت والا ہے، اور تمام اہل کتاب (ابن مریم) کی موت سے پہلے ضرور اس پر ایمان لائیں گے، اور قیامت کے دن وہ ان پر گواہ ہوں گے۔ (سورہ النساء: ۱۵۷تا۱۵۹)

قرآن مجید کی ان آیات مبارکہ سے معلوم ہوا کہ:

۱: یہود نے عیسیٰ بن مریم ناصری علیہما السلام کو قتل نہیں کیا۔ ۲: اور نہ انہیں سولی دی۔ ۳: بلکہ اللہ تعالیٰ نے عیسیٰ علیہ السلام کو اپنے پاس اٹھالیا۔ ۴: اور عیسیٰ علیہ الصلوۃ والسلام کی موت سے پہلے (اس زمانے میں موجود) تمام اہلِ کتاب ان پر ایمان لے آئیں گے (یعنی وہ ابھی تک زندہ ہیں اور ان پر موت نہیں آئی ہے)

یہ بات بھی یاد رہے کہ اللہ تعالیٰ سات آسمانوں سے اوپر اپنے عرش پر مستوی ہے، اور اپنے علم و قدرت سے ہر چیز کو محیط ہے، یہ عقیدہ متعدد قرآنی آیات، احادیث متواترہ اور اجماع امت سے ثابت ہے۔ تفصیل کے لئے امام الائمہ محمد بن اسحاق بن خزیمہ رحمہ اللہ کی کتاب ''التوحید'' حافظ ذہبی رحمہ اللہ کی کتاب " **العلو للعلی الغفار** " امام ابن قدامہ المقدسی رحمہ اللہ کی " **اثبات صفة العلو** " وغیرہ کا مطالعہ کریں۔

اللہ تعالیٰ اپنی مخلوقات سے جدا (بائن) ہے، کسی چیز میں بھی اس نے حلول نہیں کیا ہے، لہذا اسے اسی ذات کے ساتھ ہر جگہ ماننا بے دینی ہے، بلکہ حق یہ ہے کہ وہ ہر چیز پر قدیر، علیم اور محیط ہے۔ لہذا عیسیٰ علیہ السلام کو اللہ تعالیٰ کا اپنے پاس لے جانے کا مطلب آسمانوں پر لے جانا ہے۔

ایک اور مقام پر اللہ تعالیٰ فرماتا ہے:

وَلَمَّا ضُرِبَ ابْنُ مَرْيَمَ مَثَلًا اِذَا قَوْمُكَ مِنْهُ يَصِدُّوْنَ O وَقَالُوْٓا ءَاٰلِهَتُنَا خَيْرٌ اَمْ هُوَ ط مَا ضَرَبُوْهُ لَكَ اِلَّا جَدَلًا ط بَلْ هُمْ قَوْمٌ خَصِمُوْنَ O اِنْ هُوَ اِلَّا عَبْدٌ اَنْعَمْنَا عَلَيْهِ وَ جَعَلْنٰهُ مَثَلًا لِّبَنِيْٓ اِسْرَآئِيْلَ O وَلَوْ نَشَآءُ لَجَعَلْنَا مِنْكُمْ مَّلٰٓئِكَةً فِي الْاَرْضِ يَخْلُفُوْنَ O وَاِنَّهٗ لَعِلْمٌ لِّلسَّاعَةِ فَلَا تَمْتَرُنَّ بِهَا وَاتَّبِعُوْنِ ط هٰذَا صِرَاطٌ مُّسْتَقِيْمٌ O

اور جب (عیسیٰ) ابن مریم کی مثال بیان کی گئی تو آپ کی قوم نے اس سے غل مچا دیا۔ اور کہنے لگے: کیا ہمارے اِلٰہ اچھے ہیں یا وہ (عیسیٰ)؟ جو آپ کے سامنے یہ مثال سراسر کج بحثی کی خاطر لائے ہیں، بلکہ یہ ہیں ہی جھگڑالو قوم۔ وہ (عیسیٰ) محض ایک بندہ تھا جس پر ہم نے انعام کیا اور اسے بنو اسرائیل کے لئے نمونہ بنا دیا۔ اور اگر ہم چاہتے تو تم میں سے فرشتے پیدا کر دیتے جو زمین میں تمہارے جانشین ہوتے۔ اور وہ (نزول عیسیٰ) تو قیامت کی ایک علامت ہے

لہذا اس میں ہرگز شک نہ کرو، اور میری اتباع کرو یہی صراطِ مستقیم ہے۔ (سورہ الزخرف: ۵۷تا۶۱)

قرآن مجید کی ان آیات سے معلوم ہوا، کہ عیسیٰ بن مریم علیہ السلام قیامت کی نشانی یا عَلَم ہیں، لہذا اس میں بالکل شک نہیں کرنا چاہئے۔ مفسر قرآن حبر الامۃ عبداللہ بن عباس رضی اللہ عنہما سے روایت ہے کہ نبی کریم ﷺ نے اس آیت مبارکہ " وَاِنَّهٗ لَعِلْمٌ لِّلسَّاعَةِ " کے بارے میں فرمایا: " نزول عيسى بن مريم من قبل يوم القيامة "

یعنی: قیامت کے دن سے پہلے عیسیٰ بن مریم (علیہما السلام) کا نزول۔(۱)

(صحیح ابن حبان: ۶۸۷۸، موارد الظمآن: ۱۷۵۸)

یہ حدیث تقریباً اسی مفہوم کے ساتھ ابن عباس رضی اللہ عنہما سے بھی مروی ہے، دیکھئے مسند احمد (۳۱۸/۱ ح ۲۹۲۰) تفسیر ابن جریر (۵۴/۲۵) مستدرک الحاکم (۴۴۸/۲) مسند مسدد (المطالب العالیۃ: ۳۷۳۰) المعجم الکبیر للطبرانی (۱۵۴/۱۲ ح ۱۲۷۴۰) الفریابی، سعید بن منصور، عبد بن حمید، ابن ابی حاتم (الدر المنثور ج ۶ ص ۲۰)

اسے حاکم اور ذہبی نے صحیح کہا، لیکن اس کی سند میں نظر ہے اور مرفوع زیادہ صحیح ہے۔

قرآن مجید کی ان آیات اور متواتر احادیث کی روشنی میں مسلمانوں کا اس پر اجماع ہے کہ عیسیٰ بن مریم علیہما السلام آسمان پر زندہ موجود ہیں اور آخری زمانہ میں آپ آسمان سے زمین پر اتر کر دجال کو قتل کریں گے۔

تفسیر ''البحر المحیط'' میں ہے:

''وأجمعت الأمة على ما تضمنه الحديث المتواتر من أن عيسى في السماء وأنه ينزل في آخر الزمان''

''حدیث متواتر کے اس مضمون پر امت کا اجماع ہو چکا ہے کہ عیسیٰ علیہ السلام زندہ آسمان پر موجود ہیں اور وہ آخری زمانہ میں آسمان سے اتریں گے۔'' (ج ۲ ص ۴۹۷)

ابوالحسن اشعری (متوفی ۳۲۹ھ) نے کہا:

" وأجمعت الأمة على أن الله عزوجل رفع عيسى إلى السماء "

---

(۱) اس کی سند میں ایک راوی ''ابویحیٰ مصدع'' ہے ابن شاہین نے کہا: ثقہ (کتاب الثقات: ۱۴۰۷) ذہبی نے کہا: صدوق (الکاشف: ۵۵۵۶) اور صحیح مسلم کا راوی ہے (تقریب: ۶۶۸۳) عمار الدہنی نے اس کی تعریف کی (تہذیب: ۱۴۳/۱۰) ابن حبان نے تصحیح کے ذریعے اس کی توثیق کی، ابن عدی نے اس پر سکوت کیا۔ (الکامل: ج ۶/ ۲۴۵۹) اس پر الجوزجانی (احوال الرجال: ۲۴۹)، ابن حبان (المجروحین: ۳۹/۳) اور ابن الجوزی نے جرح کی (العلل المتناہیہ: ۵۴/۲) العقیلی نے ضعفاء میں ذکر کیا (۲۶۶/۴) حافظ ابن حجر نے موافقۃ الخُبر الخبر (۱۷۴/۲) مصدع مذکور اور ابورزین کے بارے میں لکھتے ہیں: " وهما ثقتان تابعيان " اس راوی کے بارے میں امام ذہبی کا قول ہی راجح ہے لہذا اس کی حدیث حسن سے کم نہیں ہے، موقوف روایت اس کا ایک شاہد ہے۔

عاصم بن بہدلہ صحاح ستہ کا راوی اور جمہور اہل الحدیث کے نزدیک ثقہ وصدوق ہیں۔ حافظ ذہبی نے کہا:'' إمام صدوق '' (دیوان الضعفاء: ۲۰۴۲) امام ابن حبان نے کہا:'' ثقة متقن '' (صحیح ابن حبان: ۲۱۱۶) لہذا عاصم کی روایت بھی حسن درجے سے کم نہیں ہے۔

''اور امت نے اس بات پر اجماع کیا ہے، کہ بے شک اللہ تعالیٰ نے عیسی علیہ السلام کو آسمان پر اٹھالیا ہے۔''
(الابانۃ عن اصول الدیانۃ ص ۳۴)

نیز دیکھئے نظم المتناثر من الحدیث المتواتر (ص ۲۴۱) وغیرہ اور ظاہر ہے کہ امت خطاء پر اکٹھی نہیں ہوسکتی۔

رسول اللہ ﷺ نے فرمایا:

'' لا يجمع الله أمتي على ضلالة أبداً ويد الله على الجماعة ''

اللہ میری امت کو گمراہی پر کبھی جمع نہیں کرے گا اور اللہ کا ہاتھ جماعت پر ہے۔
(المستدرک: ۱/۱۱۶ عن ابن عباس واسنادہ صحیح)

محمد رسول اللہ ﷺ سے نزولِ مسیح کی احادیث بے شمار صحابہ کرام رضی اللہ عنہم نے روایت کی ہیں، مثلاً ابوہریرہ الدوسی الیمانی، جابر بن عبداللہ الانصاری، النواس بن سمعان، اوس بن اوس، عبداللہ بن عمرو بن العاص، ابوسریحہ حذیفہ بن اسید الغفاری، ام المؤمنین عائشہ، عبداللہ بن مسعود، مجمع بن جاریہ، عبداللہ بن مغفل وغیرہم، رضی اللہ عنہم اجمعین۔

ابوالفیض الادریسی الکتانی نے کہا:

'' والحاصل أن الأحاديث الواردة في المهدى المنتظر متواترة وكذا الواردة الدجال وفي نزول سيدنا عيسى بن مريم عليهما السلام ''

اور حاصل یہ ہے کہ مہدی منتظر کے بارے میں احادیث متواتر ہیں، اسی طرح دجال اور سیدنا عیسی بن مریم علیہما السلام کے نزول کے بارے میں بھی [احادیث متواتر ہیں] (نظم المتناثر ص ۲۴۱)

نزولِ مسیح کی احادیث کے متواتر ہونے کی تصریح درج ذیل علماء نے بھی کی ہے۔

الامام ابوجعفر محمد بن جریر الطبری السنی فی جامع البیان فی تفسیر القرآن (۳/۲۰۴) ابن کثیر الدمشقی فی تفسیر القرآن العظیم (۱/۵۷۷، ۵۸۲) وغیرہما

اب نزول مسیح کی کچھ صحیح وحسن احادیث لکھی جاتی ہیں، تاکہ جو زندہ رہے دلیل دیکھ کر جئے اور جو مرے دلیل دیکھ کر مرے، منکرینِ حدیث اور منکرین اجماع کے شبہات کے مدلل جوابات بھی دیئے گئے ہیں، تاکہ ان پر حجت تمام ہوجائے۔ **وباللہ التوفیق**

(۱) ابوہریرہ الدوسی الیمانی رضی اللہ عنہ: آپ مشہور صحابی، ثقہ، حافظ، امام اور محبوب المؤمنین ہیں۔

آپ نے نبی ﷺ سے کہا: آپ دعا فرمائیں تاکہ اللہ تعالیٰ مجھے اور میری والدہ کو اپنے مومن بندوں کا محبوب بنادے تو آپ ﷺ نے دعا فرمادی، ابوہریرہ رضی اللہ عنہ فرماتے ہیں: جو مومن بھی مجھے دیکھتا ہے یا میرا ذکر سنتا ہے دعاءِ نبی ﷺ کی برکت کی وجہ سے مجھ سے محبت کرنے لگتا ہے (صحیح مسلم مع النووی: ۱۶/۵۲ ح ۲۴۹۱) آپ سے اٹھارہ سو یا

زیادہ اشخاص نے حدیثیں بیان کی ہیں۔ (تہذیب التہذیب:۱۲/۲۹۰)

حافظ ذہبی نے کہا:

"الإمام الفقيه المجتهد الحافظ صاحب رسول الله ﷺ ...... سيد الحفاظ الأثبات"

(سیر اعلام النبلاء:۲/۵۷۸)

ام المؤمنین عائشہ بنت ابی بکر رضی اللہ عنہما کی نماز جنازہ ابو ہریرہ رضی اللہ عنہ نے پڑھائی تھی۔ (التاریخ الصغیر للبخاری: ۱/۱۲۸، ۱۲۹) آپ سے نزول المسیح کی احادیث درج ذیل علماء نے بیان کی ہیں۔

۱: سعید بن المسیب	۲: نافع مولی ابی قتادہ الانصاری	۳: سعید المقبری
۴: عطاء بن میناء مولی ابن ابی ذباب	۵: حنظلہ بن علی الاسلمی	۶: عبدالرحمٰن بن آدم
۷: عبدالرحمٰن بن ابی عمرۃ	۸: ولید بن رباح	۹: محمد بن سیرین
۱۰: زیاد بن سعد	۱۱: کلیب	۱۲: رجل من بنی حنیفہ
۱۳: ابو صالح ذکوان	۱۴: یزید بن الاصم	

۱: سعید بن المسیب: ابو محمد القرشی المدنی، آپ مدینہ کے زبردست عالم اور فقیہ تھے، آپ کی مرویات صحاح ستہ اور تمام دواوینِ اسلام میں موجود ہیں، آپ کی عدالت اور جلالت پر اجماع ہے، حافظ ذہبی نے کہا:

"أحد الأعلام و سيد التابعين ...... ثقة حجة فقيه رفيع الذكر، رأس في العلم والعمل" (الکاشف:۱۹۷۹)

آپ سے یہ حدیث امام محمد بن مسلم بن شہاب الزہری القرشی نے سنی، امام زہری سے لیث بن سعد، سفیان بن عیینہ صالح (بن کیسان)، ابن ابی ذئب، معمر، یونس، ابن جریج، اوزاعی، الماجشونی وغیرہم یہ حدیث متقارب الفاظ کے ساتھ بیان کرتے ہیں۔

امام زہری کا تعارف: ابو بکر محمد بن مسلم بن عبید اللہ بن عبداللہ بن شہاب بن عبداللہ الحارث بن زھرہ بن کلاب القرشی الزہری ۵۰ھ یا ۵۱ھ میں پیدا ہوئے، آپ اہلِ سنت کے مشہور امام ہیں، حافظ ابو نعیم اصبہانی نے "حلیۃ الاولیاء" میں ان کا طویل تذکرہ لکھا ہے (ج ۳ ص ۳۶۰ تا ۳۸۱) آپ کی احادیث صحاح ستہ، مؤطا امام مالک جامع المسانید للخوارزمی، المنسوب إلی الامام ابو حنیفہ، الام للشافعی، مسند احمد، صحیح ابن خزیمہ، صحیح ابن حبان، المستدرک علی الصحیحین وغیرہ تمام کتبِ حدیث اور دواوین اسلام میں موجود ہیں۔

آپ کے ثقہ ہونے پر اجماع ہے، حافظ ابن حجر العسقلانی نے کہا:

"الفقيه الحافظ متفق على جلالة وإتقانه وثبته"

یعنی آپ فقیہ حافظ ہیں اور آپ کی جلالت اتقان (ثقہ کا اعلیٰ درجہ) اور ثبات پر اتفاق ہے، انتہی (تقریب التہذیب:۶۲۹۶)

(نیز دیکھئے تدریب الراوی:۸۶/۱) آپ سے ابوحنیفہ، مالک، عمر بن عبدالعزیز، اوزاعی، سفیان اور ایک سو سے زیادہ اشخاص حدیث بیان کرتے ہیں، تمام علماء آپ کی تعریف میں رطب اللسان ہیں۔

عمرو بن دینار نے کہا: ''میں نے زہری سے زیادہ حدیث کی بصیرت والا کوئی نہیں دیکھا''۔ (حلیہ:۳۶۰/۳) ''میں نے زہری سے زیادہ دراہم (مال ودولت) کو گھٹیا اور بے وقعت سمجھنے والا کوئی شخص نہیں دیکھا، مال و دولت ان کے نزدیک بکری کی مینگنی کے برابر تھا'' (سیر اعلام النبلاء:۳۴۴/۵) ایوب سختیانی نے کہا: ''میں نے زہری سے زیادہ عالم کوئی نہیں دیکھا۔'' (حلیہ:۳۶۰/۳) اسی طرح امام مکحول، عمر بن عبدالعزیز اور سفیان نے آپ کی بہت تعریف کی ہے۔ (حلیہ:۳۶۰/۳)

امام العجلی نے کہا: ''(مدني) تابعي ثقة'' (تاریخ الثقات:۱۵۰۰) ابن حبان نے اسے کتاب الثقات میں ذکر کیا ہے اور کہا: ''وكان فقيهاً فاضلاً'' (۳۴۹/۵) ابن شاہین نے اسے تاریخ اسماء الثقات میں ذکر کیا ہے بلکہ متعدد ائمہ نے زہری کی احادیث کو اصح الاسانید میں شمار کیا ہے۔ (دیکھئے مقدمہ ابن الصلاح ص۲۲ تقریب النووی مع تدریب الراوی:۷۷/۱، ۷۸) لہذا یہ ثابت ہوا کہ محدثین کے نزدیک امام زہری اعلیٰ درجہ کے ثقہ ومتقن ہیں اور ان کی حدیث صحیح حدیث کی سب سے اعلیٰ قسم ہے۔

تشیع کا الزام اور اس کا جواب: ابوالخیر اسدی اپنی کتاب ''اسلام میں نزول مسیح کا تصور'' میں لکھتا ہے:

''شیعہ کے ائمہ رجال کا اعتراف کہ ابن شہاب زہری، امام جعفر صادق کے اصحاب میں شمار ہوتا تھا، چنانچہ مامقانی شیعہ رجال کے مشہور امام اپنی کتاب تنقیح المقال فی اسماء الرجال میں لکھتے ہیں:

''قال المامقاني محمد بن مسلم الزهري المدني عده الشيخ في رجاله من أصحاب الصادق''

''مامقانی لکھتے ہیں کہ محمد بن مسلم الزہری کو شیخ الطائفہ نے اپنے رجال میں امام جعفر صادق کے اصحاب میں شمار کیا ہے......''

(ص۴۱، ۴۲) (تنقیح المقال فی اسماء الرجال ۱۸۶/۳)

جواب: میں نے مذکورہ سطور میں یہ ثابت کر دیا ہے، کہ امام زہری اہل سنت کے زبردست ثقہ بالاجماع امام اور سنی ولی ہیں، اہل سنت کی تمام کتبِ حدیث میں ان کی احادیث موجود ہیں، سنی علماء نے ان کی تعریف وتوثیق کی ہے۔ اور ان کی احادیث کو صحیح بلکہ اصح الاسانید قرار دیا، اور کسی ایک سنی محدث نے بھی ان پر تشیع کا الزام نہیں لگایا، لہذا یہ الزام مردود ہے۔ دوسرے یہ کہ روافض کا کسی شخص کو اپنے نمبر بڑھانے کے لئے اپنی کتابوں میں ذکر کرنا اس کی ہرگز دلیل نہیں کہ وہ شخص فی الحقیقت رافضی یا شیعہ تھا۔

وكل يدعي وصلا ليلى ٭ وليلى لا تقرلهم بذاكا

ہر شخص لیلی کے وصل کا دعویدار ہے ٭ اور لیلی کسی ایک کے ساتھ بھی اس وصل کا اقرار نہیں کرتی۔

درج ذیل اشخاص کو روافضی اپنی اسماء الرجال کی کتابوں میں ذکر کرتے ہیں، کیا یہ بھی شیعہ یا رافضی تھے؟

۱: علی بن ابی طالب رضی اللہ عنہ (الاصول من الکافی: ۱/۴۵۲)
۲: الحسن بن علی بن ابی طالب رضی اللہ عنہ (رجال الطّوسی ص ۱۵، الاصول من الکافی: ۱/۴۶۳)
۳: الحسین بن علی بن ابی طالب رضی اللہ عنہ (رجال الطّوسی ص ۱۵، الاصول من الکافی: ۱/۴۶۳)
۴: جابر بن عبداللہ الانصاری رضی اللہ عنہ (تنقیح المقال للمامقانی: ۱/۱۹۹، رجال الطّوسی: ص ۱۲)
۵: سعید بن جبیر رحمہ اللہ (تنقیح المقال: ۲/۲۵، رجال الحلی ص ۲۹)
۶: ابوحنیفہ النعمان بن ثابت رحمہ اللہ (تنقیح المقال: ۳/۲۷۲، رجال الطّوسی: ص ۳۲۵)
۷: یعقوب بن ابراھیم ابو یوسف القاضی (تنقیح المقال: ۳/۳۲۹)
۸: محمد بن ادریس الشافعی (تنقیح المقال: ۲/۶۷ رقم: ۱۰۳۶۰)
۹: مالک بن انس (تنقیح المقال: ۲/۴۸ رقم: ۱۰۰۲۲)
۱۰: ابراہیم بن یزید النخعی وغیرہم (تنقیح المقال: ۱/۴۳ رجال الطّوسی: ص ۳۵)

میں پوچھتا ہوں کہ کسی مسلمان میں یہ ہمت ہے کہ ان صحابہ، تابعین **ومن بعدهم** کو شیعہ یا رافضی قرار دے کر ان کی مرویات کو مردود کہہ دے؟ لہذا ثابت ہوا کہ رافضیوں کا کسی سُنی کو اپنے رجال میں شمار کرنا اسے رافضی نہیں بنا دیتا۔ یہ بات یاد رہے کہ موجودہ دور میں متعدد ناصبی مثلاً فیض عالم صدیقی وغیرہ جب کسی ثقہ راوی کی صحیح حدیث اپنی خواہشات نفسانیہ کے خلاف پاتے ہیں تو جھٹ اسے شیعہ کہہ کر اس کی حدیث سے جان چھڑانے کی کوشش کرتے ہیں لہذا ایسے لوگوں سے اہل سنت والجماعت کو ہوشیار رہنا چاہئے۔ دوسرے یہ کہ محدثین کی اکثریت کا یہ مسلک ہے کہ اگر بدعتی راوی ثقہ یا صدوق ہے تو اس کی روایت قابل حجت ہوتی ہے۔

مشہور غیر اہل الحدیث جناب سرفراز صفدر دیوبندی لکھتے ہیں:

''اور اصول حدیث کے رو سے ثقہ راوی کا خارجی یا جہمی معتزلی یا مرجئی وغیرہ ہونا اس کی ثقاہت پر قطعاً اثر انداز نہیں ہوتا اور صحیحین میں ایسے راوی بکثرت موجود ہیں......'' (احسن الکلام: ۱/۳۰)

لہذا منکرینِ حدیث کے ثقہ راویوں پر اندھا دھند حملے خالی کارتوسوں کی طرح رائیگاں جائیں گے۔ ان شاء اللہ

تنبیہ: مامقانی نے ابن ابی الحدید کی شرح نہج البلاغہ سے نقل کیا ہے کہ:

'' كان الزهري من المنحر فين عنه يعني علياً ''

یعنی: زہری امیر المؤمنین علی رضی اللہ عنہ کے مخالفین میں سے تھے۔ (تنقیح المقال: ۳/۱۸۷)

(معاذ اللہ) اور اسی طرح مامقانی رافضی نے اپنے بعض اکابر سے نقل کیا ہے کہ زہری (اہل بیت کے) دشمن تھے (ایضاً)

ابوجعفر الطّوسی الرافضی نے کہا:

"محمد بن شهاب الزهري عدو ......" (رجال طوسی: ص۱۰۱)

"من لا يحضره الفقيه" کے محشی نے شرح مشيخه الفقيه کے حاشیہ میں امام زہری کو سیدنا علی رضی اللہ عنہ اور اہل بیت کا منحرف لکھا ہے۔ (۸۲/۴)

اب آپ فیصلہ کریں کہ رافضیوں کے کہنے پر امام زہری کو ناصبی قرار دیا جاسکتا ہے، مشہور زاہد شیخ عبدالقادر جیلانی رحمہ اللہ نے سچ کہا ہے کہ:

"وعلامة الرافضية تسميتهم أهل الأثر ناصبية وكل ذلك عصبية وغياظ لأهل السنة ولااسم لهم إلا اسم واحد وهو أصحاب الحديث "

اور رافضیوں کی علامت یہ ہے کہ وہ اہل اثر کو ناصبی کہتے ہیں، یہ سب تعصب ہے اور ان کا اہل سنت کے ساتھ غصہ ہے اور ان کا صرف ایک ہی نام ہے اور وہ ہے اصحاب الحدیث (الغنیۃ لطالبی طریق الحق: ۸۰/۱)

اور میں کہتا ہوں کہ اسی طرح فرقہ ناصبیہ کی یہ علامت ہے کہ وہ اہل سنت کو رافضی یا شیعہ کہتے ہیں۔

تدلیس کی بحث: متعدد علماء نے امام زہری کو مدلس قرار دیا ہے، حافظ ذہبی نے کہا:

"الحافظ الحجة ، كان يدلس في النادر " (میزان الاعتدال: ۴۰/۴)

آپ حافظ حجت تھے، کبھی کبھار تدلیس کرتے تھے، مشہور محدث امام صلاح الدین العلائی (متوفی ۷۶۱ھ) فرماتے ہیں:

"والصحيح الذى عليه جمهور أئمة الحديث والفقه والأصول الإحتجاج بما رواه المدلس الثقة مما صرح فيه بالسماع دون ما رواه بلفظ محتمل لأن جماعة من الأئمة الكبار دلسوا وقد اتفق الناس على الإحتجاج بهم ولم يقدح التدليس فيهم كقتادة والأعمش والسفيانين الثوري وابن عيينة وهشيم بن بشير وخلق كثير وأيضاً فان التدليس ليس كذباً صريحاً بل هو ضرب من الإيهام بلفظ محتمل ......"

اور صحیح وہ ہے جس پر محدثین، فقہاء اور اصولیین ہیں، کہ ثقہ مدلس جو روایت سماع کی تصریح کے ساتھ بیان کرے اس سے حجت پکڑی جائے اور جو لفظ محتمل (عن وغیرہ) کے ساتھ بیان کرے، اس سے حجت نہیں پکڑی جائے، کیونکہ ائمہ کبار کی ایک جماعت نے تدلیس کی ہے اور لوگ ان کے ساتھ حجت پکڑنے پر متفق ہیں، اور تدلیس نے انہیں نقصان نہیں پہنچایا مثلاً قتادہ، اعمش، سفیان الثوری، سفیان بن عیینہ، ھشیم بن بشیر اور بے شمار لوگ، اور یہ بات بھی ہے کہ تدلیس صریح جھوٹ نہیں ہے، بلکہ وہ لفظ محتمل (عن وغیرہ) کے ساتھ ایہام کی ایک قسم ہے۔

(جامع التحصیل فی احکام المراسیل ص ۹۸، ۹۹)

امام محمد بن ادریس الشافعی المطلبی فرماتے ہیں:

”ومن عرفناه دلس مرة فقد أبان لنا عورته في روايته وليست تلك العورة بكذب فنرد بها حديثه ولا النصيحة في الصدق فنقبل منه ما قبلنا من أهل النصيحة في الصدق فقلنا لا نقبل من مدلس حديثاً حتى يقول فيه حدثني أو سمعت ......“

اور جسے ہم جان گئے کہ اس نے ایک مرتبہ ہی تدلیس کی ہے تو ہم پر اس کا نقص اس کی روایت میں ظاہر ہوگیا، اور یہ نقص جھوٹ نہیں ہے، کہ ہم اس کی وجہ سے اس کی حدیث کو (مطلقاً) رد کردیں اور (یہ نقص) نہ سچائی میں خیر خواہی ہے، تاکہ ہم اس کی روایت بھی (مطلقاً) قبول کرلیں، جس طرح ہم سچائی میں خیر خواہوں (غیر مدلسین) کی روایات قبول کرتے ہیں، پس ہم کہتے ہیں کہ ہم کسی مدلس سے کوئی حدیث قبول نہیں کرتے حتی کہ حدثنی یا میں نے سنا ہے (یعنی سماع کی تصریح کرے)

(الرسالۃ: ص ۳۷۹)

لہذا امام زہری نے جن روایات میں سماع کی تصریح کی ہے، ان کے صحیح ہونے میں کیا شبہ ہے؟ بعض لوگ امامِ شعبہ اور چند علماء سے تدلیس کی سخت مذمت اور تکذیب نقل کرتے ہیں، حالانکہ یہ اقوال مرجوحہ ہیں، امام ابوعمرو بن الصلاح فرماتے ہیں:” وهذا من شعبة إفراط محمول على المبالغة في الزجر عنه والتنفير “

اور یہ قول امام شعبہ سے افراط پر مبنی ہے اور یہ تدلیس سے دھمکانے اور نفرت دلانے کے مبالغہ پر محمول ہے۔

(علوم الحدیث المعروف بمقدمہ ابن الصلاح ص ۹۸)

امام ابن الصلاح کے بیان کی تصدیق اس سے بھی ہوتی ہے، کہ امام شعبہ نے خود کئی مدلسین مثلاً قتادہ، ابواسحاق السبیعی اور اعمش سے روایت بیان کی ہے، بلکہ امام شعبہ سے مروی ہے کہ :

” كفيتكم تدليس ثلاثة الأعمش وأبي إسحاق وقتادة ...... “

یعنی میں آپ کے لئے تین اشخاص، اعمش، ابواسحاق اور قتادہ کی تدلیس سے بچنے کے لئے کافی ہوں۔

(آخر طبقات المدلسین بتحقیقی: ص ۷۷)

لہذا علماء کے نزدیک ان راویوں سے شعبہ کی روایت اگر معنعن بھی ہو تو سماع پر محمول ہوتی ہے۔ (دیکھئے فتح الباری ج ۴ ص ۳۸، ۱۹۴، ج ۱۰ ص ۱۶۶، ج ۱۱ ص ۱۴۶، ۱۹۷، ۲۱۱، ۲۴۱، ۲۶۲، ۵۴۶، ج ۱۲ ص ۲۱۷ بحوالہ توجیہ القاری ص ۲۶۲)

لہذا زہری کی تصریح بالسماع سے روایت صحیح ہوتی ہے۔

ارسال کی بحث: بعض مبتدعین، امام یحیی بن سعید القطان کا قول کہ: زہری کی مرسل روایتیں ” بمنزلة ريح “ ہیں نقل کر کے امام زہری کو مطعون کرنے کی کوشش کرتے ہیں، تو اس کا جواب یہ ہے کہ کسی راوی کا مرسل احادیث بیان کرنا کوئی جرم نہیں ہے۔ اور نہ یہ اس کی عدالت پر جرح ہے، متعدد ائمہ نے مرسل روایات بیان کی ہیں، مثلاً ابراہیم نخعی

ایوب السختیانی، ثابت البنانی، جعفر الصادق، حسن بصری، ربیعہ الرائے، رجاء بن حیوۃ، سالم بن عبداللہ بن عمر، سعید بن جبیر سعید بن المسیب، سفیان ثوری، اعمش، قاضی شریح، شعبہ، طاووس، الشعبی، عروہ، عطاء بن ابی رباح، عکرمہ اور قتادہ وغیرہم، دیکھئے (کتاب المراسیل لابی داود وغیرہ)

کیا یہ ائمہ مرسل روایت بیان کرنے کی وجہ سے ضعیف و مجروح بن گئے ہیں؟ یہ بات حق ہے کہ مرسل روایت ضعیف ہوتی ہے، لیکن یہ بات باطل ہے کہ ہر مرسِل (ارسال کرنے والا) ضعیف ہوتا ہے۔ اگر کوئی کہے کہ امام زہری کا ارسال سخت خطرناک ارسال تھا تو عرض ہے کہ اس کی وجہ بھی محدثین نے بتا دی ہے، امام یحیی بن سعید القطان نے کہا: " هولاءِ قومٌ حفّاظٌ كانوا إذا سَمِعُوا الشيء علّقوه "

یہ لوگ (قتادہ وزہری) حفاظ حدیث میں سے تھے، یہ جب کوئی چیز سنتے تو اسے یاد کر لیتے تھے (المراسیل لابن ابی حاتم: ص ۳)

مزید فرمایا:

" مرسل الزهري شر من مرسل غيره لأنه حافظ ، وكل ما قدر أن يسمي سمى ، وإنما يترك من لا يحب أن يسميه "

زہری کی مرسل دوسروں کی مرسل سے زیادہ بری ہوتی ہے، کیونکہ وہ حافظ ہیں، اور وہ (زہری) جس کا وہ نام لینا چاہتے ہیں لے لیتے ہیں اور صرف اسی شخص کا نام ترک کرتے ہیں جس کا نام لینا پسند نہیں کرتے۔ (سیر اعلام النبلاء: ۳۳۸/۵)

معلوم ہوا کہ زہری کی مراسیل غیر ثقات سے ہونے کی وجہ سے زیادہ ضعیف ہیں، امام یحیی بن سعید القطان نے قتادۃ کی مراسیل کو بھی " بمنزلة الريح " قرار دیا۔ (المراسیل لابن ابی حاتم: ص ۳) اور سعید بن المسیب کی ابوبکر رضی اللہ عنہ سے منقطع روایت کو " ذاك شبه الريح " کہا یعنی: وہ ہوا کی طرح کمزور ہے۔ (ایضاً ص ۴)

اور کہا: " مرسلات ابن أبي خالد – يعني إسماعيل – ليس بشيء "

یعنی اسماعیل بن ابی خالد کی مرسل روایات کچھ بھی نہیں ہیں۔ (جامع التحصیل: ص ۳۸)

امام محمد بن سیرین سے بھی ابو العالیہ اور حسن البصری کی مراسیل پر سخت تنقید مروی ہے، اور کہا: چار اشخاص (الحسن، ابو العالیہ، حمید بن ہلال اور داود بن ابی ھند) ہر ایک کو سچا سمجھتے تھے اور اس بات کی پرواہ نہیں رکھتے تھے، کہ کس سے سن رہے ہیں۔ (سنن دارقطنی: ۱۷۱/۱، ۱۷۲) کیا ان علماء کو بھی ضعیف و غیر ثقہ قرار دیا جائے گا، بلکہ حق یہ ہے کہ جو شخص ثقہ ہے، اس کی متصل روایات کو قبول اور مرسل روایات کو مردود سمجھنا چاہئے۔

ادراج کی بحث: بعض اشخاص نے لکھا ہے: ''زہری کی عادت ادراج کی بھی تھی'' ''ادراج'' کہتے ہیں حدیث میں رسول اللہ ﷺ کے الفاظ کے ساتھ اپنے الفاظ ملا دینے کو یعنی حدیث میں اپنی طرف سے کچھ الفاظ درج کر دینا'' (نزول مسیح کا تصور: ص ۱۲۰) حالانکہ ائمہ محدثین نے ادراج کو راوی کی عدالت میں کبھی جرح قرار نہیں دیا ادراج کی تعریف میں اصول حدیث کے ایک زبردست امام اور جید محقق ابن الصلاح فرماتے ہیں:

" معرفة اقسام منها ما أدرج في حديث رسول الله ﷺ من كلام بعض رواته بأن يذكر الصحابي أو من بعده عقيب ما يرويه من الحديث كلاماً من عند نفسه فيرويه من بعده موصولاً با لحديث غير فاصل بينهما بذكر قائله فيلتبس الأمر فيه على من لا يعلم حقيقة الحال ويتوهم أن الجميع عن رسول الله ﷺ "

اسکی کئی قسمیں ہیں، ان میں سے وہ بھی ہے جو حدیث رسول میں بعض راویوں کا کلام درج ہو جائے، وہ اس طرح کہ کوئی صحابی یا جو اس سے نیچے ہے اپنی طرف سے اس حدیث میں کوئی کلام (بطور تفسیر) ذکر کرے، جسے وہ روایت کر رہا ہے تو بعد کا راوی اسے حدیث کے ساتھ ملا کر (موصول) روایت کر دے، اور قائل کے کلام کو جدا نہ کرے (اس شخص پر) جو حقیقت حال سے بے خبر ہے، معاملہ مشتبہ ہو جائے اور اسے یہ وہم ہو کہ یہ سب کچھ نبی ﷺ کی حدیث میں ہے۔ (مقدمہ: ص ۱۲۷)

معلوم ہوا کہ راوی کی غلطی نہیں ہوتی، وہ حدیث کی شرح و تفسیر میں کچھ کلام عرض کرتا ہے، جسے بعد کا راوی اصل بات سے بے خبری کی وجہ سے متنِ حدیث میں درج کر دیتا ہے۔ محدثین کرام پر اللہ تعالیٰ کی ان گنت، بے شمار رحمتیں ہوں انہوں نے انتہائی باریک بینی اور غیر جانبداری سے دودھ کا دودھ اور پانی کا پانی جدا کر دیا ہے، اور عدل و انصاف کی میزان ہاتھ میں لے کر اپنی لاجواب تحقیقات سے یہ واضح کر دیا ہے، کہ یہ متصل، یہ منقطع، یہ محفوظ اور یہ شاذ ہے، یہ سالم من الادراج اور یہ مدرج ہے، وغیرہ رحمہم اللہ اجمعین۔

مدرج کے موضوع پر متعدد علماء نے کتابیں لکھی ہیں، مثلاً خطیب بغدادی کی " **الفصل للوصل فی مدرج النقل** " (اس کے قلمی نسخے کی فوٹوسٹیٹ میں نے دیکھی ہے) حافظ ابن حجر کی ''تقریب المنہج بترتیب المدرج'' اور جلال الدین السیوطی کی ''المدرج إلی المدرج'' (یہ ہماری لائبریری میں موجود ہے)

اب ان علماء کے نام لکھتا ہوں جنہوں نے کسی حدیث کی تشریح میں کوئی کلمہ کہا، اور بعد کے راویوں نے متن میں درج کر دیا۔

۱: عبداللہ بن مسعود رضی اللہ عنہ (مقدمہ ابن الصلاح ص ۱۲۸، المدرج إلی المدرج ص ۱۱)

۲: ابو ہریرہ رضی اللہ عنہ (المدرج إلی المدرج ص ۱۸، ۲۱)

۳: سالم بن ابی الجعد (المدرج ص ۴۶)

کیا انہیں بھی مجروح قرار دیا جائے گا؟ ہرگز نہیں اسی طرح اس نام نہاد جرح سے امام زہری بری ہیں۔

حافظ ابن حجر العسقلانی فرماتے ہیں:

" **والأصل عدم الأدارج ولا يثبت إلا بدليل** " اور اصل علومِ ادراج کا دعوی دلیل کے بغیر ثابت نہیں ہوتا۔ (فتح الباری: ۳۱۱/۷)

خلاصہ: مختصر یہ کہ امام زہری جلیل القدر سنی عالم، مشہور تابعی، ثقہ حجت تھے، ان کی روایت اعلیٰ درجہ کی صحیح ہوتی ہے گولڈز یہر یہودی اور اس کے مقلدین کی خود ساختہ جروح قطعاً مردود ہیں، بلکہ منکرین رسالت کی ان جروح سے امام زہری کی شان اور زیادہ بلند ہو جاتی ہے، اس ولی من اولیاء پر اللہ کی لاکھوں کروڑوں رحمتیں ہوں۔ رحمہ اللہ

امام زہری سے نزول مسیح کی یہ حدیث جن شاگردوں نے سنی ان کا (ص ۶) پر ذکر کیا جا چکا ہے، اب ان روایات کا مختصر تذکرہ پیش خدمت ہے۔

۱: **لیث بن سعد:** آپ صحاح ستہ کے راوی اور "ثقہ، ثبت، فقیہ، امام مشہور" تھے (تقریب: ۵۶۸۴) آپ سے یہ حدیث درج ذیل علماء نے بیان کی ہے۔

ا: یحیی بن بکیر (السنن الکبری للبیہقی: ۲۴۴/۱)

ب: ہاشم (مسند احمد: ۵۳۸/۲)

ج: یزید بن موہب (صحیح ابن حبان: ۶۷۷۹)

د: احمد بن سلمہ (السنن الکبری للبیہقی: ۲۴۴/۱)

ھ: قتیبہ بن سعید (صحیح بخاری: ۲۲۲۲، صحیح مسلم: ۱۵۵، سنن ترمذی: ۲۲۳۳، الایمان لابن مندہ: ۴۰۷، من طریق النسائی عنہ)

صحیح بخاری و صحیح مسلم میں قتیبہ بن سعید کی روایت کے الفاظ یہ ہیں۔

" **والذی نفسی بیده لیوشکن أن ینزل فیکم ابن مریم حکماً مقسطاً فیکسر الصلیب ویقتل الخنزیر ویضع الجزیة ویفیض المال حتی لا یقبله أحد** "

اس ذات کی قسم جس کے ہاتھ میں میری جان ہے، ضرور عنقریب تم میں ابن مریم حاکم، عادل بن کر نازل ہوں گے پس

وہ صلیب توڑ دیں گے اور مال کو بہا دیں گے حتی کہ اسے کوئی بھی قبول نہیں کرے گا۔
امام ترمذی نے اس حدیث کے بارے میں فرمایا: " **هذا حديث حسن صحيح** "
و: محمد بن رمح (صحیح مسلم:۱۵۵)

۲: **سفیان بن عیینہ:** آپ سے درج ذیل علماء نے یہ حدیث انتہائی معمولی اختلاف کے ساتھ بیان کی ہے۔

الف: علی بن عبداللہ المدینی (صحیح بخاری:۲۳۴۴) اس کے شروع میں " **لا تقوم الساعة** " کے الفاظ زیادہ ہیں۔
ب: زہیر بن حرب (صحیح مسلم:۱۵۵)
ج: ابوبکر بن ابی شیبہ (المصنف:۱۴۴/۱۵، وعنہ ابن ماجہ:۴۰۷۸)
د: عبدالاعلی بن حماد (صحیح مسلم:۱۵۵)
ھ: عمرو الناقد (مسند ابی یعلی الموصلی:۵۸۷۷)
و: احمد بن حنبل (فی مسندہ:۲/۲۴۰)
ز: ابن ابی عمر (الشریعہ للآجری ص۳۸۱)
ح: الحمیدی (المستخرج علی صحیح مسلم لأبی عوانہ:۱/۱۰۵)
(دیکھئے السنن الکبری للبیہقی:۶/۱۰۱)

۳: **صالح بن کیسان المدنی:** (دیکھئے تحفۃ الاشراف للحافظ المزی:۱۰/۲۶، ۲۷)

آپ صحاح ستہ کے راوی "ثقہ ثبت فقیہ" تھے (تقریب:۲۸۸۴) امام زہری آپ کے استاد ہیں۔ (تہذیب الکمال:۹/۴۷) اور ابراہیم بن سعد الزہری ان کے شاگرد ہیں (تہذیب الکمال للحافظ المزی:۹/۴۷) آپ سے ابراہیم الزہری نے اور ان سے یعقوب بن ابراہیم نے یہ حدیث سنی، یعقوب بن ابراہیم سے اسحاق نے (صحیح بخاری:۳۴۴۸) عبد بن حمید، حسن الحلوانی (صحیح مسلم:۱۵۵/۳۹۰) ابوداود الحرانی (صحیح ابی عوانہ:۱/۱۰۵) اور محمد بن یحیی الذہلی (السنن الکبری للبیہقی:۹/۱۸۰) نے یہ حدیث بیان کی، بخاری وغیرہ میں یہ الفاظ زیادہ ہیں۔

" **وحتى تكون السجدة الواحدة خيراً من الدنيا وما فيها ثم يقول أبو هريره: اقرؤا إن شئتم وإن من أهل الكتاب إلا ليؤمنن به قبل موته الآية** "

یہاں تک کہ (ان کے نزدیک) ایک وقت کا سجدہ دنیا و مافیہا سے بہتر ہوگا، پھر ابوہریرہ رضی اللہ عنہ نے فرمایا: اگر (تصدیق) چاہتے ہو تو پڑھو: "اور کوئی اہلِ کتاب ایسا نہیں ہوگا جو عیسی کی موت سے پہلے اس پر ایمان نہ لائے"
بعض لوگوں نے پوچھا ہے کہ امام بخاری کا استاد "اسحاق" کون ہیں، تو عرض ہے کہ وہ اسحاق بن راھویہ ہیں۔

حافظ ابن حجر رحمہ اللہ فرماتے ہیں:

" وقد أخرج أبو نعيم في المستخرج هذا الحديث من مسند إسحاق بن راهويه وقال: أخرجه البخاري عن إسحاق "

اور ابونعیم (اصبہانی) نے مستخرج (علی صحیح البخاری) میں یہ حدیث مسند اسحاق بن راہویہ سے روایت کی ہے اور کہا: اسے بخاری نے اسحاق سے روایت کیا ہے۔ (فتح الباری ط ۱۳۴۸ھ: ۳۸۲/۶)

دوسرے یہ کہ عبد بن حمید وغیرہ نے اسحاق کی متابعت کر رکھی ہے لہٰذا ان پر اعتراض ہر لحاظ سے مردود ہے۔

۴: معمر (مصنف عبدالرزاق: ۲۰۸۴۰ وعنہ احمد فی مسندہ: ۲۷۲/۲)

۵: یونس بن یزید (صحیح مسلم: ۱۵۵، الایمان لابن مندہ: ۴۱۱)

۶: ابن جریج (صحیح ابی عوانہ: ۱۰۴/۱)

۷: اوزاعی (ابوعوانہ: ۱۰۵/۱، مشکل الآثار للطحاوی: ۲۷/۱)

۸: عبدالعزیز بن عبداللہ ابی سلمہ الماجشون (مسند علی بن الجعد: ۲۸۶۷ وعنہ البغوی فی شرح السنہ: ۸۰/۱۵ وقال : هذا حديث متفق على صحته)

۹: ابن ابی ذئب (مسند ابی داود الطیالسی: ۲۲۹۷، مشکل الآثار: ۲۸/۱)

مختصر یہ کہ سعید بن المسیب رحمہ اللہ کی ابوہریرہ رضی اللہ عنہ سے یہ حدیث بالکل صحیح ہے۔

(۲) نافع مولی ابی قتادہ الانصاری: آپ صحاح ستہ کے راوی اور ثقہ ہیں (تقریب التہذیب: ۷۰۸۴)

آپ سے یہ حدیث امام زہری نے بیان کی ہے، ان کا تذکرہ گزر چکا ہے، آپ سے یہ حدیث درج ذیل علماء نے سن کر آگے بیان کی ہے۔

الف: یونس (بن یزید الایلی) آپ جمہور کے نزدیک ثقہ ہیں اور صحاح ستہ کے راوی ہیں، آپ کی روایت صحیح بخاری: ۳۴۴۹، صحیح مسلم: ۱۵۵، کتاب الایمان لابن مندہ: ۴۱۴، شرح السنہ للبغوی: ۸۲/۱۵ وغیرہ میں ہے۔

ب: معمر (مصنف عبدالرزاق: ۲۰۸۴۱ وعنہ احمد: ۲۷۲/۲ وابن مندہ فی الایمان: ۴۱۵)

ج: عقیل (کتاب الایمان لابن مندہ: ۴۱۶ وعنہ ابن حجر فی تغلیق التعلیق: ۴۰/۴)

د: اوزاعی (الایمان لابن مندہ: ۴۱۳ وعنہ ابن حجر فی تغلیق التعلیق: ۴۰/۴، البعث للبیہقی کما فی فتح الباری: ۳۸۵/۶، معجم ابن الاعرابی کما فی تغلیق التعلیق صحیح ابن حبان: ۶۷۶۴، صحیح ابن عوانہ: ۱۰۶/۱)

ھ: ابن اخی الزہری (صحیح مسلم: ۱۵۵)

و: ابن ابی ذئب (صحیح مسلم: ۲۴۶/۱۵۵، مسند احمد: ۳۳۶/۲، صحیح ابن عوانہ: ۱۰۶/۱)

صحیح بخاری وصحیح مسلم میں یونس بن یزید کی روایت کے الفاظ درج ذیل ہیں۔

" کیف أنتم إذا نزل ابن مریم فیکم و إمامکم منکم "

تمہارا اس وقت کیا حال ہوگا جب عیسیٰ بن مریم تم میں اتریں گے اور تمہارا امام تم میں سے (ہی) ہوگا۔

کتاب الاسماء والصفات للبیہقی میں یونس کی روایت کے الفاظ درج ذیل ہیں:

" کیف أنتم إذا نزل ابن مریم من السماء فیکم وإما مکم منکم "

تمہارا اس وقت کیا حال ہوگا جب ابن مریم آسمان میں سے اتریں گے اور تمہارا امام تم میں سے ہوگا۔

(ص ۵۳۵ وفی نسخہ اخری ص ۴۲۴)

یہ دونوں روایتیں صحیح ہیں اور ان میں کوئی تعارض نہیں ہے " من السماء " کے اور شواہد بھی ہیں جو آگے آرہے ہیں۔ (دیکھئے ص ☆☆☆) امام بغوی نے بخاری کی حدیث کے بارے میں شرح السنہ میں فرمایا ہے:

" ھذا حدیث متفق علی صحتہ "

ایک اہم بات.......: امام بیہقی مستقل مخرجِ حدیث ہیں، اور ان کی بیان کردہ یہ سند صحیح ہے، لہذا ان کی زیادت مقبول ہے، کیونکہ ثقہ کی زیادت اگر ثقات یا اوثق کے خلاف نہ ہو تو مقبول ہوتی ہے (دیکھئے الکفایہ فی علم الروایہ ص ۴۲۴ - ۴۲۹ للخطیب البغدادی) اور اگر امام بیہقی کہیں کہ " رواہ البخاری " تو اس کا مفہوم یہ ہوتا ہے کہ اس حدیث کی اصل صحیح بخاری میں موجود ہے (دیکھئے مقدمہ ابن الصلاح ص ۳۱ مع شرح العراقی)

(۳) عطاء بن میناء مولی ابن ابی ذباب: آپ صحاح ستہ کے راوی ہیں، امام العجلی نے کہا: " (مدنی) تابعی ثقہ " (تاریخ الثقات: ۱۱۳۳) امام ابن حبان نے آپ کی توثیق کی، بعض علماء نے آپ کو صدوق اور بعض نے کان من أصلح الناس قرار دیا۔ (دیکھئے تہذیب التہذیب: ۱۹۳/۷) لہذا آپ ثقہ وصدوق ہیں۔ آپ سے سعید بن ابی سعد المقبری اور ان سے لیث بن سعد اور ابن اسحاق نے یہ روایت بیان کی ہے۔

الف: لیث بن سعد: (صحیح مسلم: ۱۵۵، صحیح ابن حبان: ۶۷۷۷، الشریعہ للآجری ص ۳۸۰، مشکل الآثار: ۲۸/۱)

صحیح مسلم میں اس حدیث کے الفاظ درج ذیل ہیں۔

" واللہ لینزلن ابن مریم حکماً عادلاً فلیکسرن الصلیب ولیقتلن الخنزیر ولیضعن الجزیة ولتترکن القلاص فلا یسعی علیھا ولتذھبن الشحناء والتباغض والتحاسد ولیدعون إلی المال فلا یقبلہ أحد "

اللہ کی قسم ابن مریم ضرور نازل ہوں گے، وہ عدل کرنے والے حاکم ہوں گے، صلیب توڑ دیں گے اور خنزیر کو قتل کر دیں گے اور جزیہ موقوف کر دیں گے، جوان اونٹوں کو چھوڑ دیا جائے گا تو پھر کوئی ان سے بار برداری کا کام نہ لے گا، اور لوگوں

کے دلوں سے عداوت، بغض اور حسد ختم ہو جائے گا اور مال دینے کے لئے بلائیں گے تو کوئی بھی مال قبول نہ کرے گا۔

ب: محمد بن اسحاق: (المستدرک للحاکم: ۵۹۵/۲) اس کی سند محمد بن اسحاق کی تدلیس کی وجہ سے ضعیف ہے۔

(۴) سعید بن المقبری: امام ابویعلی الموصلی نے کہا:

" حدثنا أحمد بن عيسى حدثنا ابن وهب عن أبي صخر أن سعيداً المقبري أخبره أنه سمع أبا هريره يقول: سمعت رسول الله ﷺ يقول: والذى نفس أبي القاسم بيده لينزلن عيسى بن مريم إماماً مقسطاً وحكماً عدلاً فليكسرن اتصليب وليقتلن الخنزير وليصلحن ذات البين وليذهبن الشحناء وليعرضن عليه المال فلا يقبله ثم لئن قام على قبرى فقال: يا محمد لأجيبنه "

رسول اللہ ﷺ نے فرمایا: اس ذات کی قسم جس کے ہاتھ میں ابوالقاسم کی جان ہے، عیسیٰ بن مریم (علیہما السلام) ضرور امام منصف اور حاکم عادل بن کر نازل ہوں گے، پس آپ صلیب توڑ دیں گے اور خنزیر کو ہلاک کر دیں گے اور ایک دوسرے سے ناراض باہم صلح کر لیں گے، اور عداوت ختم ہو جائے گی اور اس پر مال پیش کریں گے تو وہ اسے قبول نہیں کرے گا، پھر اگر وہ میری قبر پر کھڑا ہوا اور کہا: اے محمد (ﷺ) تو میں (بطورِ معجزہ) ضرور اس کا جواب دوں گا۔

(مسند ابی یعلیٰ: ۴۶۲/۱۱ ح ۶۵۸۴)

اس کی سند حسن ہے اور اس کے تمام راوی جمہور کے نزدیک ثقہ وصدوق ہیں۔

(۵) حنظلہ بن علی الاسلمی: آپ صحیح مسلم وغیرہ کے راوی اور ثقہ ہیں۔ (تقریب: ۱۵۸۴) آپ سے نزول مسیح کی حدیث امام زہری نے اور ان سے ایک جماعت مثلاً سفیان بن عیینہ، لیث، معمر، اوزاعی، یونس وغیرہم نے بیان کی ہے دیکھئے صحیح مسلم (۱۲۵۲) مسند احمد (۲۴۰، ۵۴۰/۲) تفسیر ابن جریر (۲۰۴/۳) مسند علی بن الجعد (۲۸۸۸) مسند الحمیدی (نسخہ دیوبندیہ: ۱۰۰۵) الایمان لابن مندہ (۴۱۹) صحیح ابن حبان (۶۷۸۱) مصنف عبدالرزاق (۲۰۸۴۲) مصنف ابن ابی شیبہ (۱۴۴/۱۵) مسند حمیدی میں زہری کے سماع کی تصریح موجود ہے۔ صحیح مسلم میں سفیان بن عیینہ کی زہری سے روایت کا متن یہ ہے:

" عن النبي ﷺ قال: والذى نفسي بيده ، لَيُهِلَّن ابن مريم بفج الروحاء حاجاً أو معتمراً أو ليثنينّهما "

نبی ﷺ نے فرمایا: اس ذات کی قسم جس کے ہاتھ میں میری جان ہے، بلاشبہ ابن ابی مریم روحاء کی گھاٹی میں حج یا عمرہ یا دونوں کی لبیک کہیں گے۔

مسند احمد: ۲۹۰/۲ میں صحیح سند کے ساتھ درج ذیل الفاظ زیادہ ہیں:

" قال وتلا أبو هريرة: وإن من أهل الكتاب إلا ليؤمنن به قبل موته ويوم القيامة يكون

علیهم شهيداً، فزعم حنظلة إن أبا هريرة قال: يؤمن به قبل موته: عيسى ، فلا أدري هذا كله حديث النبي ﷺ أو شيء قاله أبو هريرة "

فرمایا: پھرابو ہریرہ(رضی اللہ عنہ) نے آیت پڑھی،اور (نزولِ مسیح کے بعد) تمام اہلِ کتاب (ابن مریم) کی موت سے پہلے ضرور ان پر ایمان لائیں گے،اور قیامت کے دن وہ ان پر گواہ ہوں گے،پس حنظلہ نے گمان کیا: بے شک ابو ہریرہ (رضی اللہ عنہ) نے فرمایا: کہ وہ عیسیٰ (علیہما السلام) کی موت سے پہلے ایمان لائے گا (لیکن) مجھے معلوم نہیں کہ یہ سارا متن حدیثِ نبوی صلی اللہ علیہ وسلم ہے یا کچھ (ابو ہریرہ رضی اللہ عنہ) کا کلام ہے۔ (مسند احمد:۲/۲۹۰، ۲۹۱ ح ۷۸۹۰)

(٦) عبدالرحمٰن بن آدم: آپ صحیح مسلم کے راوی اور صدوق ہیں۔(تقریب:۳۷۹۶) آپ سے قتادہ نے یہ حدیث بیان کی،مسند احمد میں آپ نے عبدالرحمٰن بن آدم سے سماع کی تصریح کر رکھی ہے۔

یہ حدیث درج ذیل کتابوں میں ہے۔

مسند احمد (۲/۴۰۶، ۴۳۷) سنن ابی داود (۴۳۲۴) مصنف ابن ابی شیبہ (ط جدیدہ ۴۹۹/۶ ح ۳۷۵۲۶) صحیح ابن حبان (۶۷۷۵، ۶۷۸۲) مسند ابی داود الطیالسی (۲۵۷۵) تفسیر ابن جریر (۳/۲۰۴) مستدرک الحاکم (۲/۵۹۵) وغیرہ۔امام حاکم اور ذہبی نے اسے صحیح کہا۔

حدیث کا متن:

" الأنبياء (كلهم) إخوة لعلات دينهم واحد وأمهاتهم شتى وأنا أولى الناس بعيسى ابن مريم لأنه لم يكن بيني وبينه نبي وإنه نازل فإذا رأيتموه فاعرفوه فانه رجل مربوع إلى الحمرة والبياض سبط كأن رأسه يقطر وإن لم يصبه بلل بين ممصرتين فيكسر الصليب ويقتل الخنزير ويضع الجزية ويعطل الملل حتى يهلك الله في زمانه الملل كلها غير الإسلام ويهلك الله في زمانه المسيح الدجال الكذاب وتقع الأمنة في الأرض حتى ترتع الإبل مع الأسد جميعاً والنمور مع البقر والذئاب مع الغنم ويلعب الصبيان أو الغلمان بالحيات لا يضر بعضهم بعضاً فيمكث ما شاء الله أن يمكث ثم يتوفي فيصلي عليه المسلمون ويدفنونه "

(تمام) انبیاء علاتی بھائی ہیں،ان کا دین ایک ہے۔اور مائیں (شریعتیں) الگ جدا جدا ہیں،اور لوگوں میں سب سے زیادہ میں عیسیٰ بن مریم کے نزدیک ہوں ، کیونکہ میرے اور ان کے درمیان کوئی نبی نہیں ہے اور بے شک وہ نازل ہونے والے ہیں،پس جب تم ان کو دیکھ لو تو پہچان لینا،وہ ایک درمیانے قد کے سرخ وسفید رنگت والے آدمی ہیں،ان

کے بال سیدھے ہیں، گویا ابھی ان سے پانی ٹپکنے والا ہے، حالانکہ وہ بھیگے ہوئے نہ ہوں گے، اور وہ دو زرد رنگ کے کپڑے پہنے ہوئے ہوں گے (وہ اسلام پر لوگوں سے جنگ کریں گے) پس وہ صلیب کو توڑ دیں گے، خنزیر کو قتل کر دیں گے اور جزیہ کو ختم کر دیں گے اور ملتیں (مذاہبِ عالم) معطل ہو جائیں گے، یہاں تک کہ ان کے زمانے میں اللہ تعالیٰ اسلام کے سوا ساری ملتوں (مذہبوں) کو ہلاک (ختم) کر دے گا اور دجال اکبر، کذاب بھی انہی کے زمانے میں ہلاک ہو جائے گا، زمین میں امن واقع ہو جائے گا حتی کہ اونٹ شیر کے ساتھ، چیتے اور گائیں، بھیڑیے اور بکریاں اکٹھا چریں گے، اور بچے یا لڑکے، سانپوں سے کھیلیں گے، لیکن ایک دوسرے کو کچھ نقصان نہیں پہنچائیں گے۔ اللہ جتنا چاہے گا وہ (عیسی بن مریم زندہ) رہیں گے پھر وہ وفات پا جائیں گے پس مسلمین (مسلمان) ان پر نماز جنازہ پڑھیں گے اور انہیں دفن کر دیں گے۔ (علیہ الصلوۃ والسلام) (مسند احمد: ۲/۴۳۷ ح ۹۶۳۰، صحیح ابن حبان: ۶۷۸۲، والزیادۃ منہ) اس حدیث کی مزید تحقیق میں نے اپنی کتاب ''تخریج کتاب النھایۃ فی الفتن والملاحم'' ص ۱۴۱ ح ۳۳۳ میں تفصیل کے ساتھ کی ہے، یہ کتاب عربی میں ہے اور ابھی تک طبع نہیں ہوئی، **اللهم یسر لنا طبعه**

(۷) **عبدالرحمٰن بن ابی عمرۃ:** آپ صحاح ستہ کے راوی ہیں، ابن حبان نے آپ کی توثیق کی ہے اور ابن سعد نے کہا: '' كان ثقة كثير الحديث '' (تہذیب التہذیب: ۶/۲۱۹، ۲۲۰) امام احمد بن حنبل نے حسن سند کے ساتھ ان سے عبدالرحمٰن بن آدم کی حدیث کا ایک قطعہ روایت کیا ہے:

'' أنا أولى الناس بعيسى بن مريم في الدنيا و الآخرة الأنبياء إخوة من علات، أمهاتهم شتى و دينهم واحد ''

میں عیسی بن مریم (علیہما السلام) کے ساتھ دنیا و آخرت میں سب لوگوں سے زیادہ قریب ہوں، انبیاء علاتی بھائی ہیں ان کی شریعتیں علیحدہ علیحدہ ہیں اور ان کا دین ایک ہے۔

(۸) **ولید بن رباح:** آپ سنن ابی داود وغیرہ کے راوی ہیں۔ ابن حبان نے ثقات میں ذکر کیا ہے ابو حاتم نے کہا: صالح اور بخاری نے کہا: حسن الحدیث (تہذیب التہذیب: ۱۱/۱۲۷) ابن حجر نے کہا: صدوق (تقریب: ۷۴۲۲) اور حافظ ذہبی نے کہا: صدوق (الکاشف: ۳/۲۰۹) ولید سے کثیر بن زید الاسلمی نے اور کثیر سے ابو احمد الزبیری نے اور ان سے احمد بن حنبل نے یہ حدیث بیان کی ہے، کثیر بن زید: مختلف فیہ راوی ہے لیکن جمہور محدثین نے اس کی توثیق کی ہے لہذا وہ حسن الحدیث ہے۔ پس یہ سند حسن لذاتہ ہے۔

، حدیث کا متن درج ذیل ہے:

''یوشك المسيح عيسى بن مريم أن ينزل حكماً قسطاً و إماماً عدلاً فيقتل الخنزير ويكسر الصليب ...... ''

قریب ہے کہ عیسیٰ بن مریم (علیہما السلام) حاکم منصف اور امام عادل کی حیثیت سے نازل ہو جائیں، پس آپ خنزیر کو قتل کر دیں گے اور صلیب کو توڑ دیں گے......الخ'' (مسند احمد: ۳۹۴/۲ ح ۹۱۱۰)

(۹) محمد بن سیرین: آپ صحاح ستہ کے مرکزی راوی اور ''ثقہ ثبت عابد کبیر القدر'' ہیں (تقریب: ۵۹۴۷) آپ روایت بالمعنی کے قائل نہیں تھے، یہ موقف آپ کی کمال احتیاط کا ثبوت ہے، ورنہ صحیح یہ ہے کہ روایت بالمعنی بھی جائز ہے، (کما ھوالمبسوط فی کتب الاصول وغیرھما) آپ سے درج ذیل اشخاص نے یہ حدیث بیان کی۔

الف: سلیمان بن ابی سلیمان (الکامل لابن عدی: ۱۱۱۱/۳)

ب: ابن عون (المعجم الصغیر للطبرانی: ۳۴/۱، المعجم الاوسط: ۱۸۳/۲ ح ۱۳۳۱)

ج: ھشام بن حسان (مسند احمد: ۴۱۱/۲ ح ۹۳۱۲، واسنادہ صحیح علی شرط الشیخین)

ہشام کی روایت کا متن:

''عن النبي ﷺ قال: یوشك من عاش منكم أن یلقی عیسی بن مریم إماماً مهدیاً وحكماً عدلاً فیكسر الصلیب و یقتل الخنزیر ویضع الجزیة وتضع الحرب أوزارها''

نبی ﷺ نے فرمایا: قریب ہے کہ تم میں سے جو زندہ رہے، عیسیٰ بن مریم (علیہما السلام) سے اس حال میں ملاقات کرے کہ وہ امام مہدی اور حاکم عادل ہوں، پس آپ صلیب توڑ دیں گے اور خنزیر کو قتل کر دیں گے، جزیہ موقوف کر دیں گے اور جنگ ختم ہو جائے گی۔ (۴۱۱/۲ ح ۹۳۱۲)

(۱۰) زیاد بن سعد: آپ کو ابن حبان نے کتاب الثقات (ج ۴ ص ۲۵۵) امام بخاری نے (التاریخ الکبیر: ۳۵/۳) اور ابن ابی حاتم نے (الجرح والتعدیل: ۵۳۳/۳) میں اسے ذکر کیا ہے، اور جرح یا تعدیل کچھ بھی نہیں لائے، حافظ ابن کثیر نے اس کی درج ذیل حدیث کے بارے میں کہا:

''تفرد به أحمد وإسناده جید قوي صالح'' (النهایہ فی الفتن والملاحم: ۱۸۵/۱)

زیاد کی روایت کے الفاظ درج ذیل ہیں:

''ینزل عیسی بن مریم إماماً عادلاً وحكماً مقسطاً فیكسر الصلیب ویقتل الخنزیر و یرجع السلم ویتخذ السیوف مناجل و تذهب حمة كل ذات حمة و تنزل السماء رزقها و تخرج الأرض بركتها حتی یلعب الصبی بالثعبان فلا یضره ویراعی الغنم الذئب فلا یضرها ویراعی الأسد البقر فلا یضرها''

عیسیٰ بن مریم (علیہما السلام) امام عادل اور حاکم منصف کی حیثیت سے نازل ہوں گے، آپ صلیب توڑیں گے، آپ

خنزیر کو قتل کر دیں گے۔ اور سلامتی کا دور دورہ ہوگا، اور تلواروں کی درانتیاں بنالی جائیں گی، اور ہر خواہش کرنے والے کی خواہش ختم ہو جائے گی، اور آسمان اپنا رزق اتارے گا اور زمین اپنی برکتیں نکال دے گی، یہاں تک کہ چھوٹا بچہ اژدھا کے ساتھ کھیلے گا اور وہ اسے نقصان نہیں پہنچائے گا، اور بھیڑیں، بھیڑیا کے ساتھ اکٹھی چریں گی، اور وہ انہیں نقصان نہ پہنچائے گا، اور شیر، گائے کے ساتھ چرے گا، وہ اسے نقصان نہیں پہنچائے گا۔

(مسند احمد: ۴۸۲/۲، ۴۸۳ واللفظ لہ، التاریخ الکبیر للبخاری: ۳۵۷/۳)

(۱۱) کلیب بن شہاب : آپ سنن اربعہ کے راوی اور صدوق ہیں۔ (تقریب: ۵۶۶۰)

امام ابوبکر البزار نے کہا:

" حدثنا علي بن المنذر ثنا محمد بن فضيل عن عاصم بن كليب عن أبيه عن أبي هريرة قال: سمعت أبا القاسم الصادق المصدوق يقول: يخرج الأعور الدجال ، مسيح الضلالة ، قبل المشرق في زمن اختلاف من الناس وفرقة، فيبلغ ما شاء الله أن يبلغ من الأرض في أربعين يوماً ، الله أعلم ما مقدار ها ؟ فيلقى المؤمنون شدة شديدة ثم ينزل عيسى بن مريم ﷺ من السماء فيقوم الناس فإذا رفع رأسه من ركعته قال: سمع الله لمن حمده قتل الله المسيح الدجال وظهر المؤمنون فأحلف أن رسول الله ﷺ أبا القاسم الصادق والمصدوق ﷺ قال: إنه لحق وإما أنه قريب فكل ما هو آت قريب "

نبی ﷺ نے فرمایا: لوگوں کے اختلاف اور فرقہ کے وقت مشرق سے مسیح ضلالت، کانا دجال نکلے گا، چالیس دنوں میں وہ زمین پر وہاں تک پہنچ جائے گا جہاں اللہ چاہے گا، اللہ ہی جانتا ہے اس کی مقدار کیا ہے؟ مؤمنوں کو بڑی مصیبت پہنچے گی، پھر عیسیٰ بن مریم ﷺ آسمان سے نازل ہوں گے، پس لوگ (نماز کے لئے) کھڑے ہوں گے، آپ جب رکعت سے سر اٹھا کر سمع اللہ لمن حمدہ (کہنے کے بعد) قتل اللہ المسیح الدجال وظہر المؤمنون (بطورِ دعا) کہیں گے، اللہ نے اپنے بندے کی حمد سن لی، اللہ تعالیٰ مسیح دجال کو قتل کرے، اور مؤمنوں کو فتح نصیب ہو، ابو ہریرہ رضی اللہ عنہ نے قسم اٹھا کر کہا: کہ رسول اللہ ﷺ نے فرمایا: یقیناً وہ حق اور قریب ہے، پس ہر وہ چیز جو آنے والی ہے وہ قریب ہے۔

(کشف الاستار عن زوائد البزار: ۱۴۲/۴، ۱۴۳ ح ۳۳۹۶، واللفظ لہ، صحیح ابن حبان: ۶۷۷۳، باختلاف یسیر، وقال الہیثمی فی مجمع الزوائد: "رواہ البزار ورجالہ رجال الصحیح غیر علی ابن المنذر وھو ثقۃ")

(۱۲) رجل من بنی حنیفہ: یہ رجل نامعلوم ہے، اور اس کا شاگرد عمران بن ظبیان ضعیف ہے، لہذا اس کے متن کو یہاں درج کرنا میرے نزدیک مناسب نہیں ہے، یہ روایت مسند الحمیدی (نسخہ ظاہریہ: ح ۱۱۰۴) میں ہے۔ نیز دیکھئے مسند الحمیدی بتحقیقی ص ۷۴۶ (مخطوطہ)

(۱۳) **ابوصالح ذکوان:** آپ صحاح ستہ کے راوی اور ثقہ ثبت تھے۔ (تقریب:۱۸۴۱)

امام طبری نے کہا:

" حدثنا أحمد (هو ابن محمد بن صدقة) قال: حدثنا الهيثم بن مروان الدمشقي قال: حدثنا محمد بن عيسى بن سميع قال: حدثني روح بن القاسم عن عاصم بن بهدله عن أبي صالح عن أبي هريرة عن رسول الله ﷺ أنه قال: لا تقوم الساعة حتى ينزل عيسى بن مريم في الأرض حكماً عدلاً وقاضياً مقسطاً فيكسر الصليب ويقتل الخنزير والقرد وتوضع الجزية وتكون السجدة كلها واحدة لله رب العالمين "

رسول اللہ ﷺ نے فرمایا: اس وقت تک قیامت (کا دن) نہیں آئے گا، جب تک عیسیٰ بن مریم (علیہما السلام) زمین میں حاکم عادل اور قاضی منصف بن کر نازل نہ ہو جائیں، پس آپ صلیب توڑ دیں گے اور خنزیر اور بندر کو قتل کر دیں گے اور تمام سجدے (عبادتیں) صرف ایک اللہ رب العالمین کے لئے ہوں گے۔

(المعجم الاوسط:۲۰۳/۲، ۲۰۴ح ۱۳۶۴)

اس کی سند حسن ہے، اس کا ایک قوی شاہد صحیح مسلم (۲۸۹۷) میں سہیل عن ابی صالح عن ابی ہریرہ کی سند سے ہے، اس کا متن اگلے صفحہ پر آرہا ہے۔

(۱۴) **یزید بن الاصم:** آپ صحیح مسلم وغیرہ کے راوی اور ثقہ ہیں۔ (تقریب: ۷۶۸۶) آپ ابوہریرہ رضی اللہ عنہ سے سن کر بیان کرتے تھے کہ: ابوہریرہ رضی اللہ عنہ نے فرمایا:

" تروني شيخاً كبيراً قد كادت ترقوتاى تلتقى من الكبر ، والله إنى لأرجو أن أدرك عيسى وأحد ثه عن رسول الله ﷺ فيصد قنى "

آپ مجھے ایسا عمر رسیدہ سمجھتے ہیں، جس کی ہنسلی کی ہڈیاں بڑھاپے کی وجہ سے مل رہی ہوں؟ اللہ کی قسم میری یہ تمنا ہے، کہ

میں عیسی (علیہا السلام) کا زمانہ پاؤں اور انہیں رسول اللہ ﷺ کی احادیث سناؤں تو وہ میری تصدیق کریں۔
(مصنف عبدالرزاق: ۲۰۸۴۶ وعنہ ابن مندہ فی کتاب الایمان (۴۱۷)

اس کی سند حسن ہے۔
صحیح مسلم میں سہیل بن ابی صالح عن ابیہ عن ابی ہریرہ کی سند سے روایت ہے کہ رسول اللہ ﷺ نے فرمایا: اس وقت تک قیامت نہ ہوگی یہاں تک کہ اہل روم اعماق پر اتر آئیں، پس جب وہ شام آئیں گے تو دجال نکلے گا ...... پھر وہ (مسلمان) جنگ کی میں صفوں کو برابر کر رہے ہوں گے۔

" إذا أقيمت الصلوة فينزل عيسى بن مريم ﷺ فأمهم فإذا أرآه عدو الله ذاب كما يذوب الملح في الماء فلو تركه لانذاب حتى يهلك ولكن يقتله الله بيده فيريهم دمه في حربته "

جب نماز کے لئے تکبیر اقامت کہی جا چکی ہوگی، تو عیسی بن مریم ﷺ نازل ہو جائیں گے اور مسلمانوں کی امامت (اس نماز کے بعد دوسرے مواقع پر) کریں گے، اور اللہ کا دشمن انہیں دیکھتے ہی اس طرح گھلنے لگے گا، جس طرح نمک پانی میں گھلتا ہے، اگر وہ اسے اس کے حال پر چھوڑ دیں، تو وہ آپ ہی گھل کر ہلاک ہو جائے گا، مگر اسے اللہ ان کے ہاتھوں سے قتل کرائے گا اور وہ اپنے نیزے میں اس کا خون مسلمانوں کو دکھائیں گے۔
(صحیح مسلم: ح ۲۸۹۷، واللفظ لہ، صحیح ابن حبان: ۶۷۴۴، المستدرک: ۴۸۲/۴ وصححہ الحاکم ووافقہ الذہبی)

(۱۵) الاعرج: عبدالرحمٰن بن ہرمز الاعرج صحاح ستہ کے راوی اور " ثقہ ثبت عالم" ہیں (تقریب: ۴۰۳۳)
حافظ ابن عدی نے حسن سند کے ساتھ عن ابی الزناد عن الاعرج عن ابی ہریرہ نقل کیا کہ:

" أن رسول الله ﷺ قال: ينزل عيسى بن مريم فيمكث في الناس أربعين سنة قيل يا أبا هريرة سنة كسنة فقال: هكذا قيل " (الکامل: ۲۶۳۴/۷)

بے شک رسول اللہ ﷺ نے فرمایا: عیسی بن مریم نازل ہوں گے، پس لوگوں میں چالیس سال رہیں گے، کہا گیا اے ابو ہریرہ (کیا وہ) سال (موجودہ) سال کی طرح (ہوگا؟): فرمایا: اسی طرح کہا گیا ہے۔
(یہ حدیث امام طبرانی نے "اربعین سنۃ" تک اپنی کتاب الاوسط میں بیان کی ہے)
حافظ ہیثمی نے کہا:

" رواه الطبراني في الأوسط ورجاله ثقات " یعنی اس کے راوی ثقہ ہیں۔ (مجمع الزوائد: ۲۰۵/۸)
ایک اور روایت میں ہے:

" لا ينزل الدجال المدينة ولكنه بين الخندق وعلى كل ثقب منها ملائكة يحرسونها فأول من يتبعه النساء والإماء فيؤذونه فيرجع غضبان حتى ينزل الخندق فينزل عند

ذلك عيسى بن مريم "

دجال مدینہ میں نہیں اترے گا، لیکن خندق تک آئے گا، مدینہ کے راستوں پر فرشتے مدینہ کی حفاظت کریں گے، سب سے پہلے اس کا پیچھا عورتیں کریں گی، پس وہ اسے تکلیف دیں گے تو وہ غضبناک ہو جائے گا، حتی کہ وہ خندق میں اتر جائے گا، پس اس وقت عیسیٰ بن مریم نازل ہوں گے۔ (الاوسط للطبرانی:۶/۲۱۹ ح ۵۴۶۱)

حافظ ہیثمی نے کہا:

رواه الطبراني في الأوسط ورجاله رجال الصحيح غير عقبة بن مكرم بن عقبة الضبي وهو ثقة "

یہ روایت حسن سند کے ساتھ مختصراً " لا ينزل الدجال المدينة " تک الکامل لابن عدی: ۷/۲۶۳۴ پر بھی موجود ہے

سیدنا ابو ہریرہ رضی اللہ عنہ سے نزول مسیح کی احادیث کے اور طرق بھی ہیں مثلاً دیکھئے اخبار اصبہان لابی نعیم الاصبہانی: ۲/۱۲۱، ۱۲۲ وغیرہ، لہذا یہ حدیث ابو ہریرہ رضی اللہ عنہ سے یقیناً متواتر ہے۔

(۲) جابر بن عبداللہ الانصاری: مشہور جلیل القدر صحابی ہیں، حافظ ذہبی نے فرمایا:

" الإمام أبو عبدالله الأنصاري الفقيه مفتي المدينة في زمانه "

اور آپ کی عدالت پر پوری امت کا اجماع ہے، الصحابة كلهم عدول (تذکرۃ الحفاظ: ۱/۴۳)

جابر رضی اللہ عنہ بیان کرتے ہیں کہ رسول اللہ ﷺ نے فرمایا:

" لا تزال طائفة من أمتي تقاتلون على الحق ظاهرين إلى يوم القيامة قال: فينزل عيسى بن مريم عليه السلام فيقول أميرهم: تعال، صل لنا، فيقول: لا إن بعضكم على بعض امراء، تكرمة الله هذه الأمة "

میری امت کا ایک گروہ ہمیشہ قیامت تک حق پر قتال کرے گا، پس عیسیٰ بن مریم علیہ السلام نازل ہو جائیں گے، تو مسلمانوں کا امیر ان سے کہے گا: آیئے ہمیں نماز پڑھائیں، وہ کہیں گے: نہیں، تم ایک دوسرے کے امیر ہو، اللہ نے اس امت کو یہ بزرگی بخشی ہے۔ (صحیح مسلم: ح ۲۴۷/۱۵۶، واللفظ لہ، صحیح ابی عوانہ: ۱/۱۰۶، ۱۰۷، صحیح ابن حبان: ۶۷۸۰، مسند احمد: ۳/۳۴۵، ۳۸۴ ح ۱۵۱۹۴، ۱۴۷۷۷، التاریخ الکبیر للبخاری: ۵/۴۵۱، السنن الکبریٰ للبیہقی: ۹/۱۸۰)

ابو الزبیر محمد بن مسلم بن تدرس صدوق تھے، مگر تدلیس کرتے تھے (تقریب: ۶۲۹۱) صحیح مسلم وغیرہ میں انہوں نے سماع کی تصریح کر رکھی ہے، لہذا تدلیس کا اعتراض مردود ہے، نیچے کی سند صحیحین کی شرط پر صحیح ہے۔

ایک دوسری روایت میں ہے کہ: "لوگ (ملک) شام میں دھویں کے پہاڑ کی طرف بھاگیں گے، پس وہ (دجال) ان (مسلمانوں) کا سخت محاصرہ کرے گا اور ان پر سخت کوشش کرے گا"

" ثم ينزل عيسى بن مريم عليه السلام فينادى من السحر فيقول يا أيها الناس ......

فإذا صلى صلاة الصبح خرجوا إليه"

پھر عیسیٰ علیہ السلام نازل ہوں گے، پس سحری کے وقت سے آواز دیں گے: اے لوگو!...... جب صبح کی نماز پڑھ لیں گے تو اس (دجال) کی طرف نکلیں گے۔ (مسند احمد: ۳/۳۶۸ ح ۱۵۰۱۷)

حافظ ہیثمی نے کہا: "رواه أحمد بإسناد ين رجال أحدهما رجال الصحيح" (مجمع الزوائد: ۷/۳۴۴)

(۳) النواس بن سمعان رضی اللہ عنہ: حافظ ابن حجر العسقلانی فرماتے ہیں: "صحابي مشهور سكن الشام" (تقریب: ۷۲۰۱) سیدنا نواس رضی اللہ عنہ دجال کے بارے میں طویل حدیث میں نبی ﷺ سے بیان کرتے ہیں کہ:

"إذ بعث الله المسيح بن مريم فينزل عند المنارة البيضاء شرقي دمشق بين مهر و ذتين واضعاً كفيه على أجنحة ملكين إذا طأطأ رأسه قطر وإذا رفعه تحدر منه جمان كاللؤلؤ فلا يحل لكافر يجد ريح نفسه إلا مات ونفسه ينتهي حيث ينتهي طرفه فيطلبه حتى يدركه بباب لد فيقتله ثم يأتي عيسى بن مريم ...... ويحصر نبي الله عيسى و أصحابه ......"

(دجال اسی حالت میں ہوگا) اچانک اللہ تعالیٰ عیسیٰ بن مریم کو بھیجے گا، وہ شہر دمشق کی طرف زرد رنگ کی دو چادریں لپیٹے اپنے دونوں ہاتھ دو فرشتوں کے پروں پر رکھے ہوئے سفید منارہ کے پاس اتریں گے، جب عیسیٰ سر جھکائیں گے تو پسینہ ٹپکے گا اور جب سر اٹھائیں گے تو موتیوں کی طرح قطرے ٹپکے گے، جس کافر کو ان کے سانس کی خوشبو پہنچے گی اس کا زندہ رہنا حلال نہ ہوگا، فوراً مر جائے گا اور ان کی خوشبو وہاں تک پہنچے گی جہاں تک ان کی نظر جائے گی، پھر وہ دجال کو تلاش کریں گے اور بابِ لدّ، پر اسے قتل کر دیں گے، پھر وہ ان لوگوں کے پاس آئیں گے...... عیسیٰ اور ان کے ساتھی۔

(صحيح مسلم : ٢٢٥/٤ - ٢٥٥ ح ٢٩٣٧) وعنه البغوى في شرح السنة : ٥٤/١٥ ، مسند احمد : ١٨١/٤ ح ١٧٧٧٩ ، سنن ابى داود : ٤٣٢١ ، سنن ابن ماجه : ٤٠٧٥ ، عمل اليوم والليلة للنسائي : ٩٤٧ ، صحيح ابن حبان : ٦٧٧٦ ، جامع ترمذى : ٢٢٤٠ ولفظه : "فبينماهو كذلك إذ هبط عيسى بن مريم عليهما السلام بشرقى دمشق عند المنارة البيضاء ......" وقال : "هذا حديث حسن صحيح غريب" المستدرك : ٤٩٢/٤ وصححه الحاكم و وافقه الذهبى ، وقال البغوي في شرح السنة : "هذا حديث صحيح" فضائل القرآن للنسائي : ٤٩ كما في تحفة الاشراف : ٦٠/٩)

اس کے تمام راوی ثقہ ہیں اور سند بالکل صحیح ہے۔

(۴) اوس بن اوس رضی اللہ عنہ: آپ صحابی ہیں دیکھئے اسد الغابۃ (۱/۱۳۹) الاصابۃ (۱/۷۹) وغیرہما۔

امام طبرانی نے اوس بن اوس رضی اللہ عنہ سے نقل کیا ہے کہ نبی ﷺ نے فرمایا:

" ينزل عيسى بن مريم عليه السلام عند المنارة البيضاء شرقي دمشق "
عیسیٰ بن مریم علیہ السلام دمشق کے مشرق میں سفید منارہ کے پاس نازل ہوں گے۔
(المعجم الکبیر للطبرانی: ۱/۲۱۷ ح ۵۹۰)

حافظ نورالدین الہیثمی نے کہا: " رواه الطبراني ورجاله ثقات " (مجمع الزوائد: ۸/۲۰۵)
اسے طبرانی نے روایت کیا اور اس کے راوی ثقہ ہیں۔

(۵) عبداللہ بن عمرو بن العاص رضی اللہ عنہما: آپ انتہائی جلیل القدر صحابی ہیں، حافظ ابن حجر نے کہا:
" أحد السابقين المكثرين من الصحابة وأحد العبادلة الفقهاء " (تقریب: ۳۴۹۹) حافظ ذہبی نے کہا:
" العالم الرباني ...... وقد كان من أيام النبي ﷺ صواماً قواماً تالياً لكتاب الله طلابة للعلم "
(تذکرۃ الحفاظ: ۱/۴۱، ۴۲)

آپ نے نبی ﷺ سے جو احادیث سنی تھیں، ان کا ایک مجموعہ (الصحیفہ الصادقہ) تیار کیا تھا۔ یہ صحیفہ ان سے ان کے پوتے شعیب اور ان سے عمرو بن شعیب بیان کرتے ہیں، آپ سے تقریباً سات سو (۷۰۰) احادیث مروی ہیں۔ آپ فرماتے ہیں کہ رسول اللہ ﷺ نے فرمایا:

"يخرج الدجال في أمتي فيمكث أربعين لا أدري يوماً أو أربعين شهراً أو أربعين عاماً فيبعث الله عيسى بن مريم كأنه عروه بن مسعود فيطلبه فيهلكه ثم يمكث الناس سبع سنين ليس بين اثنين عداوة "

یعنی: دجال میری امت میں نکلے گا، اور چالیس سال تک رہے گا (راوی کہتے ہیں) میں نہیں جانتا کہ چالیس دن فرمایا یا چالیس مہینے یا چالیس سال، پھر اللہ عیسیٰ بن مریم کو بھیجے گا، گویا وہ عروہ بن مسعود ہیں، وہ دجال کو تلاش کر کے اسے ہلاک کر دیں گے، پھر سات سال تک لوگ اس طرح رہیں گے کہ دو شخصوں کے درمیان کوئی دشمنی نہیں ہوگی۔
(صحیح مسلم: ۴/۲۲۵۸، ۲۲۵۹ ح ۲۹۴۰، النسائی فی کتاب التفسیر من السنن الکبری کما فی تحفۃ الاشراف: ۶/۳۹۱، مسند احمد: ۲/۱۶۶ ح ۶۵۵۵، صحیح ابن حبان: ۷۳۰۹، مستدرک: ۴/۵۴۳، ۵۴۴، ۵۵۰، وصححہ الحاکم ووافقہ الذہبی)
اس کی سند بالکل صحیح ہے۔

(۶) ابوسریحہ حذیفہ بن اسید الغفاری رضی اللہ عنہ: حافظ ابن حجر نے کہا:
" صحابي من أصحاب الشجرة ، یعنی آپ صحابی ہیں اور بیعتِ رضوان میں شامل تھے، (تقریب: ۱۱۵۴)
آپ بیان کرتے ہیں کہ نبی ﷺ نے فرمایا:

" إنها لن تقوم حتى ترون قبلها عشر آيات ، فذكر الدخان والدجال والدابة وطلوع

الشمس من مغربها ونزل عیسی بن مریم ﷺ و یا جوج وما جوج وثلاثه خسوف خسف بالمشرق وخسف بالمغرب وخسف بجزیرة العرب وآخر ذلك نار تخرج من الیمن تطرد الناس إلی محشرهم "

جب تک دس نشانیاں ظاہر نہ ہو جائیں قیامت نہ ہوگی، پھر آپ نے ان کا بترتیب ذکر فرمایا: (۱) دھواں (۲) دجال (۳) دابہ (۴) سورج کا مغرب سے طلوع ہونا (۵) عیسی بن مریم ﷺ کا نازل ہونا (۶) یاجوج و ماجوج کا نکلنا (۷) تین جگہ زمین کا دھنس جانا، ایک مشرق میں (۸) ایک مغرب میں (۹) اور ایک جزیرہ عرب میں (۱۰) اور سب سے آخر میں اس آگ کا ذکر کیا جو یمن سے برآمد ہوگی اور لوگوں کو ہانک کر ان کے محشر کی طرف لے جائے گی۔

(صحیح مسلم: ۴/۲۲۲۵-۲۲۲۷ ح ۲۹۰۱، واللفظ لہ، مسند احمد: ۶/۴، ۷، مصنف ابن ابی شیبہ: ۱۵/۱۳۰، ۱۶۳ وعنہ ابن ماجہ: ۴۰۴۱، وکذا ابوداود: ۴۳۱۱، سنن ترمذی: ۲۱۸۳، السنن الکبری للنسائی کما فی تحفۃ الاشراف: ۳/۲۰، مسند الحمیدی نسخہ دیوبندیہ: ۸۲۷) مسند ابی داود الطیالسی: ۱۰۶۷، صحیح ابن حبان: ۶۸۰۴، مشکل الآثار للطحاوی: ۱/۴۱۸ وغیرہم امام ترمذی نے کہا: " وهذا حدیث حسن صحیح "

(۷) ام المومنین عائشہ رضی اللہ عنہا: آپ دنیا و آخرت میں نبی ﷺ کی زوجۂ حیات، امیر المومنین ابوبکر رضی اللہ عنہ کی صاحبزادی اور انتہائی جلیل القدر مومنہ صحابیہ فقیہ تھیں، آپ کی روشن سیرت اور مناقب پر ایک ضخیم کتاب بھی ناکافی ہے، آپ ﷺ سے بیان کرتی ہیں کہ آپ نے فرمایا:

" إن یخرج الدجال وأنا حي کفیتکموه ...... حتی یأتي الشام ، مدینة بفلسطین بباب لدّ فینزل عیسی بن مریم فیقتله ثم یمکث عیسی في الأرض أربعین سنة اماماً عادلاً وحکماً مقسطاً "

اگر دجال نکلے اور میں زندہ ہوں تو میں تمہارے لئے کافی ہوں ...... حتی کہ وہ شام فلسطین کے ایک شہر لد کے دروازے کے پاس آئے گا، پھر عیسی بن مریم نازل ہوں گے، پس وہ اسے قتل کر دیں گے، اس کے بعد وہ زمین میں چالیس سال تک امام عادل اور حاکم منصف کی حیثیت سے رہیں گے۔

(مسند احمد: ۶/۷۵ ح ۲۴۹۷۱، مصنف ابن ابی شیبہ: ۱۵/۱۳۴، صحیح ابن حبان: ۶۷۸۳، الدر المنثور: ۲/۲۴۲ واللفظ لہ) اس کی سند حسن ہے۔ (کما حققتہ فی تخریج النهایة في الفتن والملاحم مخطوطہ ص ۱۲۱ ح ۲۶۶ یسر اللہ لنا طبعہ)

حافظ ہیثمی نے کہا:

" رواه أحمد ورجاله رجال الصحیح غیر لحضرمي بن لاحق وهو ثقة " (مجمع الزوائد: ۷/۳۳۸)

(۸) عبداللہ بن مسعود رضی اللہ عنہ: آپ مشہور فقیہ اور بدری صحابی ہیں، حافظ ذہبی نے کہا:

" الإمام الرباني ...... صاحب رسول الله ﷺ وخادمه وأحد السابقين الأولين ومن كبار البدريين ومن نبلاء الفقهاء و المقرئين كان ممن يتحرى في الأداء ويشدّ د في الرواية ويزجز تلامذته عن التهاون في ضبط الألفاظ "

آپ امام ربانی، صحابیٔ رسول اور آپ ﷺ کے خادم تھے، آپ سابقین، اولین اور بڑے بدری صحابہ میں سے تھے، آپ شریف فقہاء اور قاریوں میں سے تھے۔ اور روایتِ حدیث میں سختی برتتے تھے اور اپنے شاگردوں کو الفاظ کے یاد کرنے میں لاپرواہی پر سخت جھڑکتے تھے۔ (تذکرۃ الحفاظ: ۱/۱۳، ۱۴)

آپ فرماتے ہیں کہ:

نبی ﷺ کو جب معراج ہوئی تو آپ نے ابراہیم، موسی اور عیسی (علیہم السلام) سے ملاقات کی اور باہم قیامت کا تذکرہ ہوا سب نے ابراہیم (علیہ السلام) سے قیامت کے بارے میں سوال کیا، لیکن انہیں کچھ معلوم نہ تھا، پھر موسی (علیہا السلام) سے سوال کیا تو انہیں بھی کوئی علم نہ تھا، تو پھر عیسی (علیہ السلام) سے سوال کیا تو انہوں نے فرمایا:

" قد عهد إلى فيما دون وحبتها فأما وجبتها فلا يعلمها إلا الله ، فذكر خروج الدجال قال: فأنزل فأقتله فيرجع الناس إلى بلا دهم ...... الخ "

میرے ساتھ قیامت سے قبل (نزول کا) وعدہ کیا گیا ہے، لیکن اس کا وقت اللہ کو ہی معلوم ہے، عیسی علیہ السلام نے دجال کے ظہور کا ذکر کیا اور فرمایا: میں نازل ہو کر اسے قتل کروں گا، پس لوگ اپنے اپنے شہروں کو لوٹیں گے...... الخ "

(سنن ابن ماجہ: ۴۰۸۱ واللفظ لہ، وقال البوصیری: "هذا إسناد صحيح رجاله ثقات " مسند احمد: ۱/۳۷۵ ح ۳۵۵۶ مصنف ابن ابی شیبہ: ۱۵/۱۵۸) اور امام حاکم نے کہا: " هذا حديث صحيح الإسناد ولم يخرجاه " اور حافظ ذہبی نے کہا: "صحیح" سعید بن منصور وابن المنذر وابن مردویہ والبیہقی فی البعث والنشور کما فی الدر المنثور: ۵/۲۱۵)

یہ سند حسن ہے، اس کے راوی مؤثر بن غفارہ کو ابن حبان نے کتاب الثقات میں ذکر کیا ہے (۵/۱۴۶۳) اور امام العجلی نے کہا: " من أصحاب عبدالله ثقة " (تاریخ الثقات: ۱۶۴۹) حاکم، ذہبی اور بوصیری نے تصحیح کے ساتھ اس کی توثیق کی۔

(۹) مُجمّع بن جاریہ رضی اللہ عنہ: آپ صحابی ہیں (تقریب: ۶۴۸۹) آپ فرماتے ہیں کہ رسول اللہ ﷺ نے فرمایا:

" يقتل ابن مريم الدجال بباب لد " ابن مریم (علیہا السلام) دجال کو لدّ کے دروازے کے پاس قتل کریں گے (سنن ترمذی: ۲۲۴۴، وعنہ ابن الاثیر فی اسد الغابۃ: ۴/۲۹۱، وکذا مسند احمد: ۳/۴۲۰ ح ۱۵۵۴۵-۴/۲۲۶ ح ۱۸۱۵۲ ۳۹۰ ح ۱۹۷۰۷، مصنف عبدالرزاق: ۲۰۸۳۵، وعنہ احمد والطبرانی فی الکبیر: ۱۹/۴۴۳ ح ۱۰۷۵، وکذا مسند الحمیدی نسخہ

دیوبندیہ: ۸۲۸ وعنہ الطبرانی: ۱۹/۴۴۴ ح ۱۰۷۸، وکذا مصنف ابن ابی شیبۃ نسخہ جدیدۃ: ۷/۵۰۰ ح ۳۷۵۳۴، صحیح ابن حبان: ۲/۲۷۶ واللفظ لہ المعجم الکبیر للطبرانی: ۱۹/۴۴۳ ح ۱۰۷۵-۴۴۵ ح ۱۰۸۱، المؤتلف والمختلف للدارقطني: ۱/۴۳۸، ۴۳۹، شرح السنۃ للبغوي: ۱۵/۶۴) من طرق عن الزہري عن ابن ثعلبۃ عن ابن جاریہ عن مجمع بہ، امام ترمذي نے کہا: "ھذا حدیث صحیح" اور بغوی نے اس کی موافقت کی)

یہ سند حسن ہے امام حاکم نے اس سند کے ساتھ ایک حدیث روایت کی (المستدرک: ۱/۱۹۳) اور اسے صحیحین کی شرط پر صحیح کہا، حافظ ذہبی نے ان کی موافقت کی۔ زہری نے سماع کی تصریح کر رکھی ہے اور اس کے تمام راوی جمہور کے نزدیک ثقہ وصدوق ہیں۔

(۱۰) عبداللہ بن مغفل رضی اللہ عنہ: آپ صحابی ہیں، حافظ ابن حجر نے کہا: "صحابي، بایع تحت الشجرۃ" (تقریب: ۳۶۳۸) آپ بیعتِ رضوان میں شامل تھے۔ آپ بیان کرتے ہیں کہ رسول اللہ ﷺ نے فرمایا:

" ...... **ثم ینزل عیسی بن مریم مصدقاً بمحمد ﷺ علی ملتہ إماماً مھدیاً وحکماً عدلاً فیقتل الدجال** ......"

پھر عیسیٰ بن مریم (علیہما السلام) محمد ﷺ کی تصدیق کرتے ہوئے آپ کی ملت پر امام مہدی اور حاکم عادل کی حیثیت سے نازل ہوں گے، پس وہ دجال کو قتل کر دیں گے۔ (المعجم الأوسط: ۵/۲۹۳ ح ۴۵۷۷)

حافظ ہیثمی نے کہا:

" **رواہ الطبراني في الکبیر والأوسط ورجالہ ثقات وفي بعضھم ضعف لا یضر** "

یعنی اسے طبرانی نے المعجم الکبیر اور المعجم الاوسط میں روایت کیا ہے اور اس کے راوی ثقہ ہیں اور بعض میں ضعف ہے جو مضر نہیں ہے، انتہی۔ (مجمع الزوائد: ۷/۳۳۶)

یاد رہے کہ عیسیٰ بن مریم علیہما السلام امام مہدی ہیں، مگر امتِ مسلمہ کا امام مہدی دوسرا شخص ہے، جیسا کہ متواتر احادیث سے ثابت ہے مثلاً دیکھئے یہی مضمون ص ☆☆☆

یہ تو تھیں چند صحیح یا حسن روایات، ان کے علاوہ متعدد صحابہ سے نزولِ مسیح کی روایات آئی ہیں۔ مثلاً

الف: واثلہ بن الاسقع رضی اللہ عنہ

(اخرجہ الحاکم في المستدرک: ۴/۴۲۸ وصححہ ووافقہ الذہبي وضعفہ الہیثمي في المجمع: ۷/۳۲۸)

ب: ابوامامہ رضی اللہ عنہ

(حلیۃ الاولیاء: ۶/۱۰۸، سنن ابن ماجہ: ۴۰۷۷، سنن ابی داود: ۴۳۲۲ مختصراً جداً)

ج: عثمان بن ابی العاص

(مسند احمد:۴/۲۱۷ ح ۱۸۰۶۰، مصنف ابن ابی شیبۃ:۱۵/۱۳۶، ۱۳۷، مستدرک:۴/۴۷۸)

د: ثوبان رضی اللہ عنہ

(سنن النسائی:۶/۴۲، مسند احمد:۵/۲۷۸ ح ۲۲۷۵۹، التاریخ الکبیر:۶/۷۲، السنن الکبری للبیھقي: ۹/۱۷۷، الکامل لابن عدي:۲/۵۸۳)

مختصر یہ کہ نزول مسیح کی احادیث متواتر ہیں، لہذا ان سے قطعی، حتمی یقینی علم حاصل ہوتا ہے۔

﴿آثار صحابہ ومن بعدھم﴾

بے شمار صحابہ سے رفع اور نزولِ مسیح کا عقیدہ ثابت ہے، مثلاً

الف: ابو ہریرہ　(مصنف عبدالرزاق:۲۰۸۴۶، مصنف ابن ابی شیبہ:۱۵/۱۴۵، ۱۵۷)

ب: عمر　(مصنف ابن ابی شیبہ:۱۵/۱۴۳، ۱۴۴، الفتن لنعیم بن حماد:۱۴۹۷)

ج: عبداللہ بن عمرو رضی اللہ عنہم اجمعین　(مصنف ابن ابی شیبہ:۱۵/۱۴۴، الفتن لنعیم:۱۵۳۸) وغیرہم

اور یہی عقیدہ تابعین ومن بعدھم سے ثابت ہے، مثلاً

الف: طاووس　(مصنف عبدالرزاق:۲۰۸۴۳)

ب: محمد بن سیرین　(مصنف ابن ابی شیبہ:۱۵/۱۹۸)

ج: ابراہیم [النخعی]　(مصنف ابن ابی شیبہ:۱۵/۱۴۵) وغیرہم، رحمہم اللہ

خلاصہ: اس مضمون میں جو آیات، احادیث اور آثار ذکر کئے گئے ہیں ان کا خلاصہ یہ ہے کہ:

۱: عیسی علیہ السلام قتل نہیں کئے گئے بلکہ انہیں اللہ تعالیٰ نے آسمان پر اٹھالیا (ص)

۲: عیسی علیہ السلام کی موت سے پہلے تمام اہلِ کتاب ان پر ایمان لے آئیں گے۔ (ص) یعنی ابھی تک ان پر موت نہیں آئی ہے۔

۳: عیسی علیہ السلام کا ''نزول'' قیامت کی نشانی ہے۔ (ص)

۴: عیسی علیہ السلام نازل ہوں گے۔

۵: آپ کا نزول آسمان سے ہوگا۔ (ص)

۶: آپ حاکم عادل ہوں گے۔

۷: آپ صلیب کو توڑ دیں گے۔

۸: خنزیر کو ہلاک کردیں گے۔

۹: مال کو بہادیں گے حتی کہ کوئی بھی اسے قبول نہیں کرے گا۔

۱۰: جنگ، خراج اور جزیہ کو ختم کردیں گے۔

۱۱: آپ کے دور میں عداوت، بغض اور حسد ختم ہو جائیں گے۔

۱۲: جوان اونٹوں کی پرواہ نہیں کی جائے گی۔

۱۳: آپ حج یا عمرہ یا دونوں کریں گے، اور روحاء کی گھاٹی سے گزریں گے۔

۱۴: آپ کا قد درمیانہ اور رنگ سرخ وسفید ہے اور بال سیدھے ہیں۔

۱۵: آپ دمشق کے مشرق کی طرف سفید منارہ پر دو فرشتوں کے پروں پر دو زرد کپڑے پہنے ہوئے اتریں گے۔

۱۶: آپ کے سانس کی خوشبو جس کافر تک پہنچے گی، وہ مرجائے گا، آپ کے سانس کی خوشبو تا حدِ نظر جائے گی۔

۱۷: جب آپ نازل ہوں گے تو مسلمانوں کا امام (مہدی) ان کے اندر موجود ہوگا۔

۱۸: آپ دجال کو "لدّ" کے مقام پر قتل کردیں گے۔

۱۹: آپ کے دور میں اسلام کے علاوہ سارے مذاہب (مثلاً یہودیت، عیسائیت، ہندوازم وغیرہ) ختم ہو جائیں گے۔

۲۰: زمین میں امن واقع ہوگا، اونٹ شیر کے ساتھ، چیتے اور گائیں، بھیڑیے اور بکریاں اکٹھا چریں گی، بچے سانپوں کے ساتھ کھیلیں گے، وہ انہیں نقصان نہیں پہنچائیں گے۔

۲۱: آپ زمین میں چالیس برس رہیں گے۔

۲۲: پھر آپ فوت ہو جائیں گے، مسلمان آپ کا جنازہ پڑھیں گے اور آپ کو دفن کردیں گے۔

۲۳: آپ کی صورت مبارکہ سیدنا عروہ بن مسعود رضی اللہ عنہ سے مشابہ ہے۔

ان علامات سے معلوم ہوا کہ مسیح عیسی بن مریم ناصری علیہ السلام ابھی تک نازل نہیں ہوئے اور نہ "دجال اکبر" کا ظہور ہوا ہے، جب کانا دجال ظاہر ہوگا تو عیسی بن مریم ﷺ آسمان سے نازل ہوں کر اسے قتل کردیں گے، لہذا جو شخص آپ کے نزول سے پہلے تکذیبِ احادیث، تاویلات اور باطنیت کے زور سے مسیح موعود ہونے کا دعویدار ہے وہ کافر کذاب اور دجال ہے، ایسے شخص کے ہتھکنڈوں اور چالوں سے بچنا ہر مسلم پر فرض ہے۔

ایک کذاب کا تذکرہ: ماضی قریب میں ہندوستان (پنجاب) میں ایک شخص مرزا غلام احمد قادیانی گزرا ہے، اس شخص نے گرگٹ کی طرح رنگ بدلتے ہوئے مجدد، مسیح موعود، نبی تابع اور نبی مستقل کا دعوی کیا۔ اور اپنے مخالفین کو کافر قرار دیا، علمائے مسلمین مثلاً مولوی محمد حسین بٹالوی، مولانا سید نذیر حسین الدہلوی، الشیخ عبدالجبار غزنوی الامام ثناء اللہ امرتسری رحمہم اللہ نے مرزا غلام احمد قادیانی اور اس کے مقلدین (چاہے نبی سمجھیں یا مجدد، مصلح وغیرہ) کو

بالاتفاق کافر، مرتد اور دائرہ اسلام سے خارج کر دیا، بٹالوی صاحب وہ شخصیت ہیں جنہوں نے سب سے پہلے مرزا پر فتوی کفر لگایا تھا۔ مرزا قادیانی نے صرف آپ کو ہی ''اول المکفرین '' کا لقب دیا (تحفۂ گولڑویہ از مرزا غلام احمد قادیانی ص ۱۲۱ ط قادیان ۱۹۱۴ء بحوالہ حافظ صلاح الدین یوسف حفظہ اللہ) بٹالوی صاحب کا فتوی ''دار الدعوۃ السلفیہ لاہور'' نے زیور طبع سے آراستہ کر کے شائع کر دیا ہے۔

چونکہ اس مختصر مضمون میں متنبّی کذاب مرزا احمد قادیانی اور اسکی (قادیانی لاہوری) پارٹی کی کفریات وخیانتیں جمع کرنے کا موقع نہیں ہے، جو شخص تفصیل چاہتا ہے وہ امام امرتسری، امام عبداللہ معمار امرتسری کی محمدیہ پاکٹ بک اور الامام الاستاذ المحقق الشہید احسان الٰہی ظہیر کی لاجواب کتاب ''القادیانیۃ'' وغیرہ کتابوں کی طرف رجوع کرے، اس بات میں قطعاً کوئی شک نہیں ہے کہ مرزا قادیانی اور اسکی (لاہوری یا قادیانی) پارٹی کافر، مرتد اور خارج از دائرہ اسلام ہونے پر پوری امت کا اجماع ہے۔ اپنے اس مختصر مضمون کی مناسبت سے آپ کے سامنے اس جھوٹے نبی اور خود ساختہ مسیح موعود کی ایک عبارت پیش کی جاتی ہے۔ مرزا غلام احمد لکھتا ہے:

'' والقسم يدل علىٰ أن الخبر محمول على الظاهر ، لا تأويل فيه ولا استثناء والإفأي فائدة كانت في ذكر القسم فتدبر كالمفتشين المحققين ''

اور قسم اس بات پر دلالت کرتی ہے کہ خبر (پیش گوئی) ظاہر پر محمول ہے، اس میں نہ تو تاویل ہے اور نہ استثناء، ورنہ پھر قسم کے ذکر کرنے میں کیا فائدہ ہے، پس غور کر تفتیش وتحقیق کرنے والوں کی طرح۔ (حمامۃ البشریٰ ص ۱۵ نسخہ قدیمہ)

راقم الحروف عرض کرتا ہے کہ الامام المعصوم، الصادق المصدوق محمد رسول اللہ، خاتم النبیین ﷺ نے قسم اٹھا کر (والذی نفسی بیدہ / ونحوہ) یہ پیشین گوئی فرمائی کہ عیسی بن مریم نازل ہوں گے (دیکھئے یہی مضمون ص وغیرہ) باعترافِ مرزا- اپنے حقیقی معنی پر محمول ہے، اس میں نہ تاویل کی جائے گی اور نہ استثناء، لہذا فرقہ قادیانیہ کا نزول مسیح کی صحیح ومتواتر احادیث کی باطنی تاویلات کرنا خود انکے ''خود ساختہ نبی'' کی تحقیق کے مطابق بھی باطل اور کذب بیانی ہے، لہذا ان کے پاس اب کوئی عذر باقی نہیں رہا۔

ایک عجیب اعتراض: بعض لوگوں نے نزولِ مسیح کی متواتر احادیث میں انتہائی معمولی اختلاف کی وجہ سے اسے روایت بالمعنی قرار دے کر رد کرنے کی کوشش کی ہے، مثلاً

الف: والذی نفسي بيده	اور	والله
ب: حكماً عدلاً	اور	حكماً مقسطاً
ج: ليوشكن ان ينزل فيكم ابن مريم	اور	لينزلن ابن مريم وغیرہ

جواب نمبر ۱...... جمہور کے نزدیک اگر راوی عالم، فقیہ، عارف بالالفاظ ہو (مثلاً ابو ہریرہ رضی اللہ عنہ وغیرہ) تو اس

کی روایت بالمعنی بھی جائز ہے (یعنی صحیح) ہے۔ (دیکھئے مقدمہ ابن الصلاح ح ۲۲۶ الاحکام للآمدی: ۱۱۵/۲ وغیرہما)

جواب نمبر۲......: نبی ﷺ نے کبھی فرمایا: والذی نفسي بیده اور کبھی واللہ (وغیرہ) لہذا راوی نے دونوں (یا اکثر) طرح سنا اور یاد رکھا، اور کبھی ایک طرح اور کبھی دوسری طرح بیان کر دیا، آخر اس میں گناہ ہی کیا ہے؟

جواب نمبر۳......: نزولِ مسیح کی روایات اس پر متفق ہیں کہ عیسی بن مریم نازل ہوں گے دجال کو قتل کر دیں گے، صلیب کو توڑ دیں گے وغیرہ، تو کیا روایات کے ''خورد بینی'' اختلاف کی وجہ سے اس متفق علیہ متن کو تسلیم کرنے سے انکار کر دیا جائے گا۔ مثلاً

ایک قابل اعتماد ذریعہ سے خبر ملی: ''کشمیری مجاہدین کا ہندوستان فوج پر حملہ......دس فوجی ہلاک''

دوسرا قابل اعتماد ذریعہ: ''سری نگر میں قابض فوج اور مجاہدین میں جھڑپ......دس ہندوستانی مارے گئے''

تیسرا قابل اعتماد ذریعہ: ''حریت پسندوں اور غاصب ہندو فوج میں شدید مقابلہ......دس فوجی نیست و نابود اور متعدد زخمی''

کیا یہ تین خبریں سن کر کوئی ہوش مند اعلان کر دے گا کہ: چونکہ روایات میں اختلاف ہے، لہذا نہ کوئی جھڑپ ہوئی ہے اور نہ کوئی مارا گیا ہے؟ ظاہر ہے ایسا اعلان کرنے والے ''ہر ہوش مند'' کی جگہ پاگل خانہ ہی ہو سکتا ہے۔

جواب نمبر۴......: قرآن مجید میں ہے:

فَانْفَجَرَتْ مِنْهُ اثْنَتَا عَشْرَةَ عَيْناً (البقرہ:۶۰) فَانْبَجَسَتْ مِنْهُ اثْنَتَا عَشْرَةَ عَيْناً (الاعراف:۱۶۰)

اسکی اور بھی مثالیں ہیں، بہر حال ثابت ہوا کہ اگر مفہوم ایک ہو تو الفاظ کا اختلاف جائز ہے۔

جواب نمبر۵......: ان احادیث کی صحت پر امت کا اجماع ہے، اور امت گمراہی پر جمع نہیں ہو سکتی، لہذا بعض روایات میں الفاظ کا یہ انتہائی معمولی اختلاف چنداں مضر نہیں ہے۔

جواب نمبر۶......: فقہاء و محدثین میں یہ اصل متفق علیہ ہے، کہ عدم ذکر، نفی ذکر پر مستلزم نہیں ہوتا، حافظ ابن حجر نے کہا:

'' ولا يلزم من عدم الذكر الشيء عدم وقوعه ''

یعنی: کسی چیز کے عدم ذکر سے اس چیز کا عدمِ وقوع لازم نہیں ہوتا۔ (الدرایہ: ۲۲۵/۱)

مزید تحقیق کے لئے کتبِ اصول کا مطالعہ کریں۔

ابوالخیر اسدی کا تعارف : راقم الحروف نے ابوالخیر ''مذکور کی کتاب ''اسلام میں نزول مسیح کا تصور'' شروع سے آخر تک پڑھی ہے اور اس نتیجہ پر پہنچا ہوں کہ یہ شخص جاہل، کذاب، افاک اور مغالطہ باز ہے، یہ شخص پکا منکرِ حدیث ہے یہ اپنی کتاب کے ص ۸ پر لکھتا ہے: ''امام دارقطنی اور محدث ابن الصلاح فرماتے ہیں کہ صحیحین کو تلقی بالقبول کا مقام حاصل ہے، اس سے وہ احادیث مستثنی ہیں جن پر بعض قابلِ اعتماد محدثین کی طرف سے گرفت ہو چکی ہے، ہم بھی یہی کہتے ہیں کہ بخاری میں نزول مسیح کی وہ روایتیں جو ابن شہاب زہری سے مروی ہیں ان پر چونکہ بعض ائمہ حدیث قدح

کر چکے ہیں اس لئے ایسی مقدوح حدیثوں پر کسی اہم عقیدے کی بنیاد استوار نہیں ہوسکتی''
تو عرض ہے کہ محدث ابن الصلاح وغیرہ چند احادیث کے استثناء کے ساتھ صحیحین کو (امت کا بالاجماع) تلقی بالقبول کا درجہ دیتے ہیں، لہذا صحیحین کی تمام روایات جن پر کسی قابل اعتماد محدث کی طرف سے گرفت نہیں کی گئی ہے، صحیح اور قطعی ہیں، صرف وہ احادیث مستثنیٰ ہیں، جن پر کسی قابل اعتماد محدث کی طرف سے گرفت ہوچکی ہے (اگرچہ ہماری تحقیق کے مطابق ان میں بھی حق بخاری ومسلم ومن معہما کے ساتھ ہی ہے) رہا اسدی صاحب کا قول کہ: ''ہم بھی یہی کہتے ہیں......نہیں ہوسکتی''
تو ہم واضح الفاظ میں پوچھتے ہیں کہ صحیحین کی وہ روایتیں جو ابن شہاب زہری سے مروی ہیں، ان پر کسی امام اور قابل اعتماد محدث نے گرفت وقدح کی ہے؟ پورا پورا اور صحیح صحیح حوالہ چاہئے ورنہ پھر اسدی صاحب کے کذاب ہونے میں کیا شبہ رہ جاتا ہے۔ یاد رہے کہ اسدی صاحب کے قول: ''ان پر چونکہ بعض ائمہ حدیث قدح کر چکے ہیں اس لئے ایسی مقدوح حدیثوں پر......'' میں ''ان'' سے مراد ''احادیث'' ہیں، جیسا کہ سیاق وسباق سے ظاہر ہے، اور مقدوح ''قدح'' کے الفاظ بھی اس پر واضح دلالت کر رہے ہیں۔
اگر وہ صحیحین کی ان احادیث پر کسی ایک امام یا محدث کی قدح وگرفت ثابت نہ کر سکے، تو اسے علی الاعلان توبہ کرنی چاہئے، ورنہ یاد رکھنا چاہئے کہ: اِنَّ بَطْشَ رَبِّكَ لَشَدِيْد بے شک تیرے رب کی پکڑ بڑی سخت ہے
اسی کتاب کے ص ۹۴ تا ۹۷ پر یہی شخص ''زہری سے ہمارے اختلاف کی تیس وجوہات'' کا عنوان باندھ کر کذب وفریب کا خومار پھیلا دیتا ہے، مثلاً
''۱۳: نبی کریم ﷺ کی طرف غیر واقع اقوال منسوب کرنے میں نہایت بے باک اور آخرت کی باز پرس سے بے پرواہ معلوم ہوتے ہیں''
''۲۲: بعض صحابہؓ سے انہیں خدا واسطے کا بیر ہے''
''۳۰: رائی کا پربت بنانا ان کا فن تھا جو درحقیقت کذب ہی کی ایک قسم خفی ہے'' وغیرہ وغیرہ
حالانکہ امام زہری پر یہ اور اس جیسے دوسرے الزامات کسی ایک بھی امام حدیث یا محدث سے بالکل ثابت نہیں ہیں، اسدی صاحب اور اسکی پارٹی کو چیلنج ہے کہ ان اقوال میں سے صرف ایک ہی کسی قابلِ اعتماد محدث (مثلاً مالک، شافعی احمد، بخاری، مسلم، ابوداود، ابن حبان اور ابن خزیمہ وغیرہم) سے ثابت کر دیں! ودونہ شرط القتاد
گذشتہ صفحات میں یہ ثابت کر دیا گیا ہے، کہ امام زہری، نزولِ مسیح کی احادیث میں منفرد نہیں ہے، بلکہ ایسی بہت سی صحیح احادیث موجود ہیں، جن کا کوئی راوی امام زہری نہیں اور وہ نزولِ مسیح پر صاف دلالت کرتی ہیں، مثلاً دیکھئے ص وغیرہ
آخر میں صحیح بخاری کی کتاب ''فضائل الصحابہ'' سے امام زہری کی بعض مرویات کا مختصر تعارف پیش خدمت ہے۔

۱: فضل ابی بکر (رضی اللہ عنہ)	۳-احادیث
۲: مناقب عمر (رضی اللہ عنہ)	۵-احادیث
۳: مناقب عثمان (رضی اللہ عنہ)	۱-حدیث
۴: مناقب علی (رضی اللہ عنہ)	×
۵: فضل عائشہ (رضی اللہ عنہا)	۱-حدیث
۶: ذکر ھند بنت عتبہ (رضی اللہ عنہا)	۱-حدیث

قارئین: فیصلہ کریں کہ کیا ایک شیعہ راوی، ابوبکر وعمر وعائشہ وھند رضی اللہ عنہم اجمعین کے مناقب میں تو احادیث روایت کرتا ہے، مگر علی رضی اللہ عنہ کے مناقب میں ایک بھی نہیں! لہذا یہ ثابت ہوا کہ امام زہری شیعہ نہیں تھے، بلکہ اہل سنت کے انتہائی جید امام تھے، اسدی کا کذب وافتراء کی بنیاد پر پندرھویں صدی میں انہیں شیعہ کہنا بہت بڑا جھوٹ ہے ،اور اگر وہ توبہ کے بغیر مر گیا تو: **سيعلم الذين ظلموا أي منقلب ينقلبون**

عنقریب جان لیں گے وہ لوگ جنہوں نے ظلم کیا کہ انہیں کس کروٹ لٹایا جاتا ہے

وماعلینا الا البلاغ

(۲۲ جمادی الثانی ۱۴۱۲ھ بمطابق ۲ جنوری ۱۹۹۲ء)